KB234878

부동산경매

부동산경매

1판 1쇄 발행 | 2009년 3월 5일
1판 3쇄 발행 | 2011년 5월 20일

지은이 | 김형찬
펴낸이 | 이현순
디자인 | 정원미

펴낸곳 | 백만문화사
서울특별시 마포구 망원2동 422-2 (121-232)
대표전화 (02)325-5176 | 팩시밀리 (02)323-7633
등록 | 1996년 1월 22일 제10-1245호
e-mail : bmbooks@naver.com
홈페이지 : http://bmbooks.com.ne.kr
Translation Copyright ⓒ 2009 by BAEKMAN Publishing Co.
Printed & Manufactures in Seoul Korea

ISBN 978-89-85382-88-5
값 12,000원

*잘못된 책은 바꾸어 드립니다.

불황에 가장 안전한 투자!!

부동산 경매

김형찬 지음

어려운 때 가장 **안전한 투자**방법, **경매**

미국의 금융위기로 시작한 경제가 끝을 모르고 계속 추락하고 있다. 주식, 펀드는 물론 부동산 시장마저 얼어붙은 지 오래되었고, 세계적으로 실물경제의 침몰로 언제 경제가 살아날지 안개 속에서 투자자들은 헤매고 있다.

이렇게 끝없이 추락하는 경제 상황에서 그렇다고 손놓고 경제가 살아나기를 기대만 하고 무작정 기다릴 수 없다. 이럴 때일수록 현명한 투자자들은 마땅한 대안을 찾는 법이다.

이런 때에 안전하면서도 가장 확실한 투자방법이 바로 경매라고 생각한다. 무엇보다도 경매는 장기적인 안목을 가지고 투자하는 것이므로 경기에 일비일희 하지 않아도 되는 투자수단이며, 수익률을 본인이 직접 알 수 있는 투자방법이기 때문이다.

경매는 기본적인 지식만 갖추고 무엇이 위험한지만 알면 몸으로 직접 부딪쳐서 해결할 수 있는 투자방법이다.

그러나 아무런 지식 없이 무작정 뛰어들었다가는 낭패 보기 쉬운 것도 경매이다 .경매란 무엇이며, 경매방법과 절차부터 철저하게 숙지한 다음 뛰어들어야 실패를 면할 수 있다. 경매는 물론 전문가의 도움도 필요하지만 본인 자신 전문가 못지않은 해박한 지식으로 무장해야 성공할 수 있는 투자수단이다.

본서는 경매 기초부터 낙찰과 명도이전까지 반드시 알아야 할 지식을 누구나 알 수 있게 쉽게 풀었으며, 이해를 돕기 위해서 문답식으로 설명하였다.

아무쪼록 독자들이 본서를 통해서 경매에 대해 완전 마스터하여 경매고수가

되어 경매에 성공하는 사람이 되기를 바라는 마음 간절하다.

차 례

부동산 경매의 **성공조건** 8가지

목표를 정하라

Q & A 1

"부동산경매로 돈을 벌기 위해서는 첫 번째로 중요한 것이 무엇입니까?"

"뚜렷한 목적을 가지고 경매에 참가하는 것입니다."

| 풀 이 |

부동산경매로 돈을 벌기 위해서는 제일 먼저 목적이 있어야 합니다. 경매로 입찰을 받아 좋은 집에서 평안한 삶을 살고자 하는 사람이 있는가 하면 상가건물을 사서 월세를 받아 생활하고자 하는 사람이 있습니다. 또 어떤 사람은 부동산을 경매로 사서 가격이 오르면 다시 팔아 시세차익을 높이고자 하는 사람도 있을 겁니다.

부동산 경매

그런데 부동산 경매에 참여하고자 하는 사람이 투자할 목표를 정하지 않고 경매에 참가하면 무조건 돈을 벌 수 있다는 생각에 경매에 참가하는 것은 마치 '친구가 장에 가니 나도 따라가겠다.' 는 것과 다를 바가 없습니다.

부동산 경매에 참여하는 것도 일종의 부동산투자입니다. 단지 방법의 차이가 있을 뿐입니다.

투자를 함에는 분명한 목표가 있어야 합니다.

투자목적은 개인에 따라 다양하겠지만 투자수익을 기대하는 것은 당연히 포함된다고 볼 수 있습니다.

때로는 수익을 기대하고 부동산을 사놓은 것이 자신이 필요할 때 팔리지 않거나 오히려 가격이 떨어져서 손해를 볼 수도 있다는 것을 생각해야 합니다.

목표를 분명히 한다는 것은 투자수익을 올리면서 혹시라도 손해가 있을 경우 이를 최소화하는 데 필요하기 때문입니다.

부동산 투자에는 주거의 안정이나 수익의 극대화와 같은 장기목표가 있습니다.

이에 따라 주택이나 아파트, 토지와 같은 투자대상이 결정되고 이를 취득하는 방법으로 매매 · 교환 · 경매 · 공매와 같은 투자방법이 결정됩니다.

부동산에 투자하려면 무엇보다도 부동산에 대해서 기본적인 것을 알고 시작해야 합니다.

Q & A 2

"경매에 성공하기 위해서는 자금계획을 잘 세워야 한다고 하는데 그 이유는 무엇입니까?"

"미리 자금계획을 세우지 않으면 낭패를 볼 수 있기 때문입니다."

| 풀 이 |

최종 낙찰 받은 뒤 대금납부기한까지는 약 1달 ~1달 반 정도밖에 없으므로 낙찰받은 금액의 90%를 이 때 구해야 하므로 경매 전부터 자금 계획을 세워야 합니다.

| 풀 이 |

부동산 투자대상을 결정하려면 먼저 부동산의 종류를 알아야 합니다.

부동산은 기준에 따라 다양하게 분류되나 여기서는 일반적인 분류에 따라서 다음과 같이 분류합니다.

★ 토지는 지적법에 따라 24가지의 지목으로 분류됩니다.

전. 답. 과수원. 목장용지. 임야. 광천지. 염전. 대지. 공장용지. 학교용지. 도로. 철도용지. 하천. 제방. 구거. 유지. 수도용지. 공원. 체육공원. 유원지. 종교용지. 사적지. 묘지. 잡종지

★ 건물은 용도에 따라 다음과 같이 분류됩니다.

① 단독주택. 다가구주택. 다세대주택. 연립주택. 아파트. 기숙사와 같은 주거용 건물

② 점포. 슈퍼마켓. 백화점. 상가건물 등 상업용 건물

③ 주상복합아파트와 같은 주상복합건물

④ 관청. 은행 등과 같은 업무용 건물

⑤ 여관. 호텔. 목욕탕. 사우나. 예식장. 영화관 등과 같은 위락용 건물

⑥ 공장 등 제조를 목적으로 하는 공업용 건물

⑦ 교회. 성당. 사찰 등 종교용 건물

⑧ 학교. 병원 기타 건물

Q & A 4

| 풀 이 |

부동산 투자로 최고의 수익을 올리는 방법에는 경매와 공매가 최고의 방법임에는 틀림없습니다. 수많은 경매물건과 공매물건들 중에는 알토란 같은 좋은 물건이 많이 있습니다. 좋은 물건을 찾아서 적절한 가격에 입찰하여 투자수익을 극대화하는 것이야말로 부자가 되는 지름길입니다.

오늘날은 경매와 공매제도에도 많은 변화가 있습니다.

예전에는 부동산 전문가나 경매 브로커와 같은 일부 전문가들의 전유물처럼 생각되었던 경매가 지금은 누구든지 쉽게 입찰에 참여할 수 있고 공매로 좋은 물건을 낙찰받을 수 있게 되었습니다.

법원경매가 호가방식에서 입찰방식으로 바뀐 지는 이미 오래전 일입니다.

이제는 직접 경매법정에 가지 않고서도 우편으로 입찰에 참여할 수 있는 기간입찰제를 실시하므로 입찰자는 시간과 장소에 구애받지 않고 입찰에 참여할 수 있는 길이 열렸습니다.

또한 기간입찰제에서는 최저경매가격의 10%를 입찰보증금으로 납부해야 하는 기일입찰제와는 달리 보증회사의 지급보증증명서만 있으면 입찰이 가능해 입찰시 목돈 부담을 덜어주고 있습니다.

한국자산관리공사에서 실시하는 공매제도는 현장입찰방식에서 전면적인 인터넷입찰방식으로 전환하고 있습니다.

경매와 공매제도가 우편으로 또는 인터넷으로 입찰할 수 있는 새로운 환경에서 부동산으로 성공하려면 이러한 변화의 흐름을 읽고 목표를 분명히 하여 투자해야 합니다.

▎ 경매정보지를 통해 원하던 물건 발견

중소기업에 근무하는 현명한씨는 2007년 말 1억5천만 원 정도 손에 쥐고 직장 부근에 아파트를 구입하고자 생각하던 나머지 이 돈으로 자신이 원하는 아파트를 구하는 방법으로는 경매가 가장 좋은 방법이라고 생각하고 경매에 참여하기로 했다. 적합한 물건을 구하던 중 경매정보지에 자기 직장 부근인 강동구에 위치한 S아파트가 눈에 띄었다.

정보지에 나와 있는 내용에 의하면 S아파트 56㎡ 방 3개짜리로 감정가는 1억8천만 원이었으나 1차 유찰로 최저가가 감정가에 비해 80%선인 1억4천만 원 선으로 떨어진 상태였다

이 물건에 경매 신청하기로 하고 경매에 필요한 절차를 하나씩 밟아가기로 했다.

부동산 시장의 경기흐름을 알아야 한다

Q & A 1

"부동산 시장의 흐름을 어떻게 해야 제대로 알 수 있을까요?
물론 오늘날 같은 불확실성 시대에는 더욱 힘들겠지만…"

"먼저 부동산에 지속적인 관심을 가져야 합니다."

| 풀 이 |

물이 있는 곳에 물고기가 있듯이 돈이 도는 곳에 있어야 돈을 벌 수 있습니다. 부동산으로 돈을 벌고자 하면 당연히 부동산에 관심을 가지고 추이를 지켜보아야 합니다. 아파트 가격의 등락을 눈여겨보고 토지시장을 찾아보아야 합니다. 신문에서 부동산에 대한 기사를 읽고 필요하면 스크랩하여 참고해야 합니다.

그런 다음 자기 나름대로 부동산에 투자하고자 하는 곳의 가격추이를 알아야 합니다. 필요하면 가격 추세선도 그려 봅시다. 그러면 다음에 투자할 대상의 예상 가격선이 나올 것입니다.

미시경제 뿐만 아니라 거시경제의 흐름도 분석해야 합니다.

부동산시장은 나 홀로 시장이 아닙니다.

부동산시장을 둘러싸고 있는 환경의 지배를 받기도 하고 영향을 주기도 합니다. 부동산시장에 영향을 주는 환경으로는 금리, 주식시장, 부동산정책, 소비자물가, 건설경기 등 경제전반에 널려 있습니다.

이러한 환경요인이 투자할 부동산에 어떠한 영향을 미치는가 분석합시다.

그리고 거시적인 경기흐름을 분석합시다.

부동산시장이 호경기라도 전반적인 경기흐름이 후퇴국면에 있으면 부동산시장도 곧이어 불경기가 따라올 것입니다. 부동산시장이 불경기라도 전반적인 경기흐름이 상승국면에 있으면 부동산시장두 곧 호경기로 접어들 수 있습니다.

| 풀 이 |

건설경기가 활성화되어 활발하게 아파트나 주택을 건축하면 부동산 경기도 좋아질 것입니다. 반면에 주택의 공실률이 많아지고 건설하는 아파트나 주택이 줄어들면 부동산 경기도 나빠질 것입니다. 아울러 경기가 최상국면에 접어들면 다음에는 후퇴시장이 찾아오며 경기가 밑바닥에 다다르면 다음에는 회복국면이 찾아옵니다. 물론 불경기가 오랫동안 지속되는 경우와 호경기가 지속되는 경우도 있음을 간과해서는 안 됩니다.

부동산 가격이 하락하는 시점에서 현재의 시세가격이 앞으로의 가격이 되라는 법이 없습니다. 추가하락이 점쳐진다면 조금 더 기다리는 인내가 필요합니다.

한편 가격이 상승하는 시점이라면 추가상승을 예측할 수 있습니다.

이러할 경우 건물주는 성급하게 매도할 것이 아니며, 사고자 하는 사람은 과단성 있게 자기가 찾고 있는 부동산을 매입해야 합니다.

부동산 투자자는 경기흐름에 대한 정확한 분석과 냉혹하리만치 기다리

는 참을성과 기회를 만나면 과단성 있게 행동하는 결단력이 필요합니다.

▮ 경기와 경매와의 관계

현명한씨는 국제금융위기로 부동산시장마저 얼어붙고 있는 이때에 '부동
산불패신화가 무너지고, 아파트 값 거품이 빠지며 장기간 침체를 면치 못
한다.'는 부동산 대폭락설이 분분한, 불확실한 시대에도 경매가 좋은 투자
방법인가 의심이 들기도 했으나 부동산 대폭락설은 어디까지나 설에 불과
하고 불경기일 때일수록 투자대상으로 빛을 발하는 것이 부동산 경매라는
경매고수의 말이 생각났다. 그 이유로는 불경기일 때 좋은 물건이 많이 나
와 본격적인 경매기본이론과 실무공부를 한 다음에 입찰에 응하면 값싸게
좋은 물건을 고를 수 있기 때문이다.

특히 현재 전국에서 매달 6천건의 아파트와 3천건의 다세대, 연립주택에
경매가 붙여지고 있으며, 소형아파트와 빌라 경매율은 매달 2천건에 달한
다는 통계를 보고 현명한씨는 투자방법으로서 경매의 가치는 여전하다는
확증이 들었다.

지역분석과 개별분석은 투자의 필수조건이다

Q & A 1

"지역분석이란 무엇을 말합니까?"

"지역분석은 부동산이 어떤 지역에 속해 있는가를 아는 것입니다."

| 풀 이 |

지역분석은 자신이 구입하고자 하는 대상 부동산이 어떤 지역에 속하고 그 지역은 어떠한 지역적 특성을 가지고 있는가? 또한 그 지역적 특성은 대상 부동산에 어떠한 영향을 미치는가를 분석하는 것입니다.

부동산은 지역의 구성분자로서 당해 지역의 특성은 대상 부동산에 영향을 미칩니다.

따라서 부동산에 투자하려면 대상 부동산이 속해 있는 지역을 분석해야
합니다.

호텔이나 모텔을 지으려고 하면서 주거지역에 있는 대지를 매입하면 건
축허가가 나오지 않습니다. 숙박시설이나 위락시설은 상업지역이나 기타
건축법상 하자가 없는 곳에 있는 땅을 매입해야 합니다.

Q & A 2

"개별분석이란 무엇입니까?"

"개별분석은 대상 부동산의 개별적 요인을 분석하는 것을
말합니다."

| 풀 이 |

개별적 요인으로는 일반저으로 대상 부동산의 면적, 형상, 일조, 건습,
고저, 교통시설과의 거리, 공공시설과의 접근 정도 등입니다.

부동산에 투자하려면 먼저 지역분석을 하고 지역적 특성을 파악한 후에
개별분석해야 합니다.

지역분석은 결혼할 당사자인 신부에 비유됩니다. 즉 신부의 미모, 학벌,

재능, 수입, 성격, 태도 등과 같습니다.

아무리 가문이 좋고 친구들이 좋아도 신부가 마음에 들지 않으면 결혼할 수 없듯이 부동산도 지역이 좋고 주위환경이 좋아도 대상 부동산이 좋지 않으면 투자를 할 수 없습니다.

부동산 투자자로서 지역분석도 잘하고 개별분석도 잘해 성공한 사례도 많지만 지역분석이나 개별분석 중에서 어느 한편을 소홀히 해 실패한 사례도 흔치 않습니다.

 **TIP** 사 례 로 알 아 보 는 **경 매 지 식**

▌ 지역분석과 개별분석

지역분석을 해보니 S아파트가 위치한 지역은 현명한씨의 직장이 위치한 강동구에 있었으며, 교통도 좋으며, 입찰하려는 S 아파트는 강동구 일대에서 인지도가 그리 높지는 않았으나 10층 아파트에 9층이었다.

권리분석을 해보니 국민은행이 가장 먼저 설정된 말소기준권리였고, 이후 여러 채권자가 근저당과 가압류를 설정해 뒀으나 모두 낙찰 후 소멸되는 권리였다.

임차인 한 명이 8천만 원의 고액 전세를 들어 살고 있었다. 최초 근저당

설정 이후 두 번째 전세권 권리를 갖고 있었고, 마침 배당요구를 한 상태였다. 낙찰되면 전세금 전액을 돌려받을 수 있는 세입자였다. 따라서 명도에 이상이 없었다. 관리비 연체를 조사해 보니 1개월 치가 미납이었다.

그리하여 현명한씨는 입찰 당일 최저가보다 천만 원을 더 써 6명의 입찰 경쟁자를 제치고 1억5천530만 원에 낙찰받는 데 성공했다.

부동산 경매의 성공조건 8가지

공적 장부를
철저히 조사해야 한다

Q & A 1

"경매에 성공하기 위해서는 공적장부를 세밀히 살펴보아야 한다고 하는데, 공적장부란 무엇입니까?"

"부동산에 대한 위치, 면적 등 그 부동산의 내용을 나타내는 것입니다."

| 풀 이 |

우리는 주택을 사고 팔 때 집문서를 주고받습니다.

소위 집문서라는 것은 다름이 아닌 등기권리증을 말합니다.

예전에는 논, 밭이나 임야 등은 땅문서라고 하였으며 주택은 집문서라고 하여 집안 깊숙이 넣어두고 보관하였습니다.

그러면 주택이나 논, 밭을 사고 팔 때 등기권리증만 있으면 되는가? 아

님니다. 부동산을 거래할 때는 반드시 확인해야 할 서류가 있습니다.

바로 공적장부입니다. 이를 간단히 '공부' 라고 합니다.

사람의 신분을 나타내는 것이 주민등록증이라면 부동산에 대한 위치, 면적 등 그 부동산의 내용을 나타내는 것은 공부입니다.

부동산 공부에는 등기부, 토지대장, 임야대장, 지적도, 임야도, 수치지 적부가 있습니다.

Q & A 2

| 풀 이 |

등기부란 등기공무원이 부동산의 상황과 그에 대한 권리관계를 '부동 산 등기법' 에서 정해진 절차에 따라 기재한 공적장부를 말합니다.

부동산등기는 부동산물권의 공시방법으로 현행법상 법률행위로 인한 부동산 물권변동은 등기를 해야만 그 효력이 발생합니다.

등기부는 그 등기대상 목적물이 토지일 경우에는 토지등기부, 건물일 경우에는 건물등기부로 구분되고 있습니다.

등기부에는 등기번호란과 표제부, 갑구, 을구로 구성되어 있습니다.

등기번호란에는 각 토지 또는 각 건물대지의 지번을 기재합니다.

표제부는 표시란과 표시번호란으로 나뉘어지며, 표시란에는 토지 또는 건물의 주소지, 지번 등 부동산의 표시와 그 변동에 관한 사항을 기재하고, 표시번호란에는 표시란에 등기한 순서를 기재합니다.

갑구는 소유권에 관한 사항을 기재합니다.

을구는 소유권 이외의 권리 즉 지상권, 지역권, 저당권, 권리질권, 임차권, 전세권 등에 대한 권리변동을 기재합니다.

토지대장, 임야대장, 지적도, 임야도, 수치지적부는 '지적법'에 규정된 지적공부입니다.

임야대장은 임야나 그 밖에 정부가 임야대장에 등록할 것으로 정한 토지를 대상으로 하여 그에 관한 내용을 표시, 등록하는 지적공부입니다.

지적도와 임야도는 각 토지대장과 임야대장에 등록된 토지에 관한 사항을 알기 쉽도록 도시하여 놓은 지적공부입니다.

수치지적부는 지적에 관한 사항을 직각종횡의 수치가 붙어 있는 좌표에 의하여 나타내는 지적공부입니다. 수치지적은 지적도나 임야도와 같은 도해지적의 경우에 비해 정밀성을 높일 수 있습니다.

수치지적부는 다른 지적공부와 달리 전국적으로 작성, 비치되는 것이 아니라 소관청이 필요하다고 인정하는 지역에 한하여 작성, 비치합니다.

등기부, 토지대장, 임야대장, 지적도, 임야도, 수치지적부와 같은 공부 외에 부동산 매매나 경매에서 조사해야 할 공부로는 건축물대장, 토지이용계획 확인서 등이 있습니다.

건축물대장은 시장, 군수, 구청장이 건축물의 소유, 이용 상태를 확인하거나 건축정책의 기초자료로 활용하기 위하여 건축물 및 대지에 관한 현황을 기재한 대장입니다.

토지이용계획 확인서는 대상 토지의 소재지, 지번, 지목, 면적과 토지이용계획 확인내용으로서 도시관리계획이나 군사시설, 농지법, 산림법, 자연공원법 등 대상 토지에 대한 이용계획을 확인할 수 있습니다.

부동산을 취득하고자 할 경우에는 위에서 제시한 공부를 조사해야 합니다.

이외에도 부동산 물건마다 필요한 서류가 있으면 추가적으로 수집하고 조사해 불의의 거래사고가 발생하는 것을 미연에 예방해야 합니다.

경매에서는 이러한 공부 외에 경매진행과 관련하여 법원에 비치한 입찰물건명세서, 임대차조사서, 감정평가서 등을 열람하고 확인해야 합니다.

| 풀 이 |

어떤 분들은 등기부등본을 보면서 무엇을 보아야 할지를 알지 못합니다. 그저 등기부를 확인하고 흡족한 양 서류를 뒤적입니다. 등기부를 그냥 볼 것 같으면 무엇 하러 돈 주고 애써서 등본을 발급받습니까?

등기부는 대상 부동산의 권리관계를 조사하는 것입니다.

따라서 등기부를 보면서 진정한 권리자를 확인하고 권리취득에 따른 관원관계를 밝히는 것이 등기부를 조사하는 목적입니다.

토지대장이나 임야대장은 대상 부동산의 소재, 지번, 자목, 면적 등을 조사하고 공부상의 면적과 실제상의 면적이 일치하는지 여부를 파악해야 합니다.

지적도와 임야도는 대상 부동산의 현황과 이를 도식화한 것으로 지적도와 임야도를 조사할 때에는 대상토지의 모양이나 도로와의 접면상태, 진입로 등을 조사해야 합니다.

현장조사는 경매성공의 필수조건

Q & A 1

"경매의 성공 조건으로 철저한 현장조사를 드는데. 현장조사를 왜 해야 합니까?"

"경매로 구입하려는 부동산이 자신에게 맞는 부동산인지 확인하기 위해서입니다."

| 풀 이 |

부동산활동은 '임장활동'이라고 합니다.

현장조사는 자신과 부동산이 서로 궁합이 맞는지 현장에서 확인하는 것입니다. 현장에서 조사하고 경계를 확인하고 권리관계를 탐문해야 그 부동산이 자신에게 맞는지 어떠한지 알 수 있습니다.

그런데 실제로 부동산 경매나 매매의 경우 현장조사를 소홀히 하는 경우를 많이 봅니다. 법원에 비치된 물건명세서만 보고 입찰에 응하는 사람들이 많습니다.

현장 조사를 하지 않고 입찰에 참여하는 사람들은 부동산이 임장활동임에도 불구하고 왜 현장조사를 하지 않을까요?

Q & A 2

| 풀 이 |

경매에 참가할 대상 물건의 소재지를 찾아가 복수의 공인중개사로부터 가격을 확인해 봐야 합니다. 이때 반드시 평균가격이 아닌 급매물시의 가격을 기준으로 조사해야 합니다. 급매물 가격보다 10% 이상 싸게 살 수 있으면 그 경매는 성공한 경매라고 볼 수 있습니다.

"현장조사를 하지 않을 경우 어떠한 결과가 발생할까요?"

"미처 몰랐던 허점이나 단점이 드러나 큰 손해를 보거나 경락을 포기하는 경우까지 발생합니다."

| 풀 이 |

경매에는 신경매와 재경매가 있습니다.

신경매는 경락허가결정에 이르지 아니하여 통상적금으로 입찰보증금이 최저가의 10%에 응찰하는 경우의 경매절차입니다.

재경매는 경락허가결정이 확정된 후 대금지급기일까지 경락인이 대금지급의무를 이행하지 않는 경우 이루어지는 경매절차입니다. 통상적으로 입찰보증금이 최저가의 20%입니다. 경우에 따라서는 입찰보증금이 최저가의 30%인 경매법원도 있습니다.

재경매의 경우에 전 경락인은 특별한 경우가 아니면 입찰보증금은 법원에 몰수되어 반환받을 수 없게 됩니다. 힘들게 입찰에 참가해 낙찰 받은 경락인이 입찰보증금을 몰수당하면서까지 왜 경락잔금을 납부하지 않고 포기를 할까요? 낙찰 받을 때의 의기양양한 모습은 어디로 갔을까요?

법원에서 경매를 받을 때는 모든 것이 좋게 보여도 막상 낙찰이 되고 현장을 둘러볼 때 미처 몰랐던 허점이나 단점을 보게 됩니다.

토지의 경우 진입로가 없는 경우도 있습니다. 임야의 경우 자세히 보아야 알 수 있는 분묘가 있습니다.

주택의 경우 주차가 불가능하며 주거환경이 쾌적하지 못함을 알 수 있습니다. 건물의 경우 노후되어 수리비용이 과다하게 들게 되는 것을 알게 됩니다.

현장에 가서 자신이 경락받은 부동산을 살펴보니 이러한 단점이 많음을 알게 되면 결국 입찰보증금을 손해 보더라도 경락받은 물건을 포기하게 됩니다. 이러한 우를 범하지 않으려면 반드시 현장조사를 하십시오.

경매로 임야나 농지를 낙찰 받아 이를 형질변경, 대지로 바꾸어서 투자수익을 올리는 경우가 있습니다.

이와 같은 목적으로 임야나 농지를 경락받고자 하면 현장을 방문해 사전에 충분한 조사를 해야 합니다.

관할관청에서 전용허가나 형질변경을 받을 수 있는지요? 당해지역이 군사시설보호구역은 아닌지요? 건축 허가 시 군부대의 동의는 가능한지요? 진입로는 있는지요? 건축허가 시 하수나 지하수 처리가 가능할까요?

현장조사를 할 때는 한쪽 면만 보지 말고 다른 각도에서도 바라보고 조사해야 합니다.

"현장답사의 요령을 가르쳐주십시오."

"현장조사의 요령은 다음과 같습니다."

| 풀 이 |

첫째, 해당 부동산의 상태와 주변 환경을 관찰하여 부동산의 현재가치와 전망을 알아봅니다.

둘째, 해당 부동산이 소재한 주소지의 주변 부동산 중개업소를 방문하여 시세를 확인합니다.

셋째, 해당 동사무소를 방문하여 그 부동산에 전입한 세대와 전입일자를 조사합니다.

넷째, 해당구청에 가서 건축물관리대장, 토지대장, 개별공시지가확인원, 토지이용세획안 등을 열람합니다.

인수 후 추가부담 여부를 조사해야 한다

Q & A 1

"경락대금 이외에 추가로 들어가는 비용이 있다고 합니다. 어떤 것이 있을까요?"

"우선 취득세, 등록세와 지방교육세, 농어촌특별세입니다."

| 풀 이 |

경매에서는 인수 후 추가부담이 있는지 조사해야 합니다.

경락대금 외에도 명도비용과 추가부담이 많으면 많을수록 투자수익은

낮아지며 경매의 실익은 떨어집니다.

배보다 배꼽이 커지는 경우가 되는 것입니다.

부동산을 취득하게 되면 등록세와 취득세를 내야 합니다. 아울러 등록

세의 20%를 지방교육세로, 취득세의 10%를 농어촌특별세로 납부해야 합니다.

이 때의 과세표준이 일반매매에서는 과세시가표준액이나 실거래가액이 되며 경매에서는 경락대금이 됩니다.

일반매매에서 과세시가표준액은 공시지가를 기준으로 산정하므로 실거래금액보다 상당히 낮은 금액으로 신고합니다. 그러나 주택거래신고지역에서는 실거래가격으로 신고해야 합니다.

경매에서는 경락대금으로 취득세와 등록세를 산정하게 되어 대부분의 경우 일반매매보다 세금이 많습니다.

다음으로 명도비용을 생각해야 합니다.

명도비용은 의무적으로 지불해야 하는 비용은 아닙니다. 경락자가 낙찰받은 부동산에 대한 재산권을 행사하려면 기존의 점유자들을 내보내든지 이들과 재계약을 해야 합니다.

이 때 점유자들이 명도를 거부하면 경락자는 법원에 인도명령을 신청하고 집달관으로 하여금 강제적으로 내보내든지 기일이 경과하면 명도소송을 해야 합니다.

경락자가 인도명령이나 명도소송을 하면 기간도 길어지며 이에 소요되는 비용도 상당히 듭니다. 따라서 경락자는 시간을 절약하고 점유자는 조금이라도 이사비용을 받으므로 쌍방간에 무리없이 해결하고자 하는 것이 바로 이사비용입니다.

아파트에는 관리비를 체납한 경우도 많이 있습니다.

경락자는 자신이 살지도 않은 아파트 관리비를 왜 내느냐고 항변합니다. 그러나 방법이 없습니다. 아파트 관리사무실에서는 체납된 관리비를 납부하여야 입주증도 주고 주차증도 주며 주거활동에 협조해주는 것을 어떻게 하겠습니까!

일반 주택이나 건물의 경우에는 전기요금과 수도요금, 도시가스 요금과 같은 공과금이 있습니다.

전기요금은 한국전력공사에서 관리하고 청구합니다.

상ㆍ하수도 요금은 지역 수도사업소에서 관리하고 청구합니다.

도시가스 요금은 지역 도시가스 공급업체에서 관리하고 청구합니다.

예전에는 이들 공과금에 대하여 체납금액 전부를 납부해야 시설공급을 재개하였습니다. 체납된 전기요금을 납부하지 않으면 전기공급을 중단하였습니다.

수도요금이나 도시가스 요금도 체납된 금액을 납부하지 않으면 몇차례 납부독촉장을 발부하다가 시설공급을 중단하였습니다. 경락자는 자신이 사용도 하지 않은 전기요금이나 수도요금, 도시가스 요금을 납부하는 것은 억울하다고 주장, 이들 공과금 체불에 대한 개선방안이 바로 사실상의 소유자에게 공과금을 부과하도록 한 것입니다.

사실상의 소유자는 경매로 낙찰받은 부동산의 경우 등기부에 기재된 등기원인일을 기준으로 하여 그 전의 공과금은 전사용자에게 부과토록 하고 등기원인일 이후에는 경락자가 부담하도록 한 것입니다.

경락자의 입장에서는 체납된 공과금에 대하여 많이 개선된 것입니다.

경매 입찰자분들이시여!

경락부동산을 인수한 후에 있을 추가부담을 조심하십시오.

경매의 복병, 대위변제

Q & A 1

"경매에는 우리가 미처 알지 못한 복병이 숨어 있어 조심해야 한다고 하는데, 그 복병 중에 하나가 대위변제라고 합니다. 대위변제란 무엇을 말합니까? 대처방법은 없습니까?"

"이는 경매대상 부동산의 이해관계가 있는 후순위 관리자가 선순위인 담보물권의 피담보채무나 피보전채무를 대위변제하는 것을 말합니다. 대처하는 최선의 방법은 후순위 권리자가 대위변제를 할 가능성이 있는 부동산에 대하여는 사전에 권리분석을 철저히 해 입찰에 참가하지 않는 것입니다."

| 풀 이 |

경매절차에서 담보물권이나 가압류등기는 경락에 의하여 말소됩니다.

이 경우 후순위 주택임차인이나 상가임차인은 경락자에게 대항력을 주장할 수 없습니다.

이때 후순위 주택임차인이나 상가임차인이 채무자를 대위해 선순위인 담보물권이나 가압류의 채무를 변제하고 이를 원인으로 해 선순위 저당권등기나 가압류등기의 말소를 신청합니다.

그 후 말소된 등기부등본을 경매법원에 제출하면 임차인 등 후순위 관리자는 순위상승의 효력을 얻게 되어 경락자에게 대항력을 행사할 수 있습니다.

경락자는 처음에는 임차인 등이 대항력을 행사할 수 없는 것으로 판단되어 안심하고 경락을 받았으나 후에 후순위 권리자가 대위변제를 함으로써 대항력을 행사하면 예상하지 못한 손실을 입을 수 있습니다.

물론, 경락자는 후순위 권리자가 대위변제를 한 사실을 알게 되면 즉시 낙찰불허가신청을 하는 등 대처방법이 없는 것은 아니나 입찰보증금까지 납부하면서 시간과 물질을 투자한 것이 아무런 소득 없는 공염불이 될 수 있습니다.

특히 경매입찰에서는 정확한 정보와 권리분석이 요구됩니다.

명도를
신속히 하라

Q & A 1

"경매입찰을 받아 막상 자기가 경락받은 집에 가 보니 기존의 점유자가 버티고 있으면서 집을 못 비우겠다고 합니다. 이럴 때는 어떻게 하면 좋을까요?"

"가장 좋은 방법은 점유자와 타협하여 점유자 스스로 나가게 하는 것입니다."

| 풀 이 |

그것은 바로 경매에서 마지막으로 해결해야 할 명도문제입니다.

경락잔금을 납부하고 경락인이 경락받은 부동산에 찾아가면 기존의 점유자가 보이는 반응은 여러 가지로 나타납니다.

배당순위에 들어가서 배당을 받으므로 자신의 보증금이 해결된 점유자는 순순히 점유하고 있는 부동산을 경락인에게 넘겨주는 경우가 많습니다.

어떤 사람은 배당을 받지 못해도 경락되는 것을 보고 모든 것을 체념하고 순순히 집을 비워주기도 합니다.

하지만 배당을 받지 못하는 점유자가 경락인에게 '보증금을 물어주어야만 집을 비워주겠다' 고 하면서 버티는 경우가 있습니다.

이와 같이 점유자가 명도를 거부하고 버틸 경우, 경락인이 대처하는 방법에는 어떤 것이 있을까요?

첫째, 가장 좋은 방법은 타협을 해서 점유자를 내보내는 방법입니다.

점유자로 소유자도 있고 소유자의 친척도 있으며 임차인도 있습니다.

소유자인 경우에는 직접 돈을 빌렸든지 아니면 제3자의 보증을 서 주었든지 채권자와 채무자간의 채무관계가 형성된 결과로 자신의 부동산이 경매된 것입니다. 따라서 소유자는 경락인의 명도를 거부할 명분이 없습니다. 타협을 통해서 이사 날짜를 정하고 명도하면 됩니다.

경매가 된 부동산에는 소유자의 친척이 거주하거나 주민등록을 전입하여 놓은 경우가 의외로 많습니다. 소유자는 자신의 집이 경매되므로 이에 대비하여 배당절차에서 소액보증금이라도 찾고자 이들을 전입시키거나 경락인에게 이사비용을 요구할 목적으로 점유케 한 경우입니다.

이들 중에는 진정한 임차인도 있고 위장전입이라고 판단되는 임차인도 있습니다.

이들은 배당절차에서 소액보증금을 배당받을 경우에는 별로 어렵지 않게 명도를 받을 수 있습니다. 소액보증금을 배당받지 못할 경우에도 이사비용을 주는 조건으로 타협하면 명도를 받을 수 있습니다.

경락받은 부동산에 점유하는 임차인의 명도는 어떻게 할 것일까요?

임차인이 명도를 거부할 경우 경락인이 직접 물리적으로 이들을 내보낼 수는 없습니다. 그렇다고 임차인이 나가겠다고 할 때까지 기다릴 수도 없습니다.

명도는 빠르면 빠를수록 좋습니다.

임차인 중에는 배당절차에서 임대보증금을 배당받는 경우가 많습니다.

이들 중 보증금 전액을 배당받을 경우에는 경락인이 타협을 통해서 이들을 내보내는데 어려움이 없습니다. 또한 보증금 중에서 일부만을 배당받고 나머지는 손해보는 경우에도 일단은 타협을 통해서 내보내도록 하고 그래도 이들이 명도를 거부하면 인도명령을 통해서 강제 집행하는 수밖에 없습니다.

임차인 중에는 임대보증금을 전액 손해 보는 경우도 간혹 있습니다.

이들을 내보내는 것은 정말 안타까운 일입니다.

하지만 이러한 안타까운 마음으로 명도를 주저할 것이라면 처음부터 경매에 응찰하지 말아야 할 것입니다. 따라서 이들에게는 인도명령을 통해서 강제집행을 하는 것과 타협을 통해서 이사비용을 주는 것을 동시에 추진하면서 명도문제를 해결해야 할 것입니다.

"타협을 거부하거나 타협으로 불가능할 때는 어떤 방법이 있습니까?"

"강제집행을 통해서 점유자를 내보내는 방법입니다."

| 풀 이 |

법원은 경락인이 대금을 납부한 후 6개월 내에 경락인의 신청이 있는 때에는 채무자, 소유자 또는 압류의 효력이 발생한 후에 점유를 시작한 부동산 점유자에 대하여 부동산을 경락인에게 인도할 것을 명할 수 있습니다. 다만 점유자가 경락인에게 대항력을 행사할 수 있는 권원을 가진 경우에는 인도명령을 할 수 없습니다.

경락인은 경락대금을 완납함과 동시에 인도명령을 신청하는 것이 좋습니다.

경락인은 법원의 인도명령정본을 부여받으면 이를 가지고 점유자에게 일차적으로 타협을 시도하여 점유자가 명도에 응하도록 합니다.

만약 법원의 인도명령에도 점유자가 불응하는 경우에는 집달관에게 강제집행을 위임하여 속전속결로 명도문제를 해결합니다.

점유자가 경락인에게 '집을 비워주겠다' 말하며 시간을 끌면 경락인은 대금납부일로부터 6개월이 경과한 후 명도소송을 해야 합니다.

명도소송은 자신의 주장을 입증할 증거서류를 첨부하여 법원에 소장을 제출해야 합니다. 명도소송의 판결이 확정되면 그 판결내용대로 효력이 발생하므로 판결정본이 피고에게 송달되는 즉시 강제집행을 할 수 있습니다.

경락인은 집행관에게 강제집행을 위임할 때에는 사전에 집행관과 협의, 현장을 안내하고 점유자가 부재중인 경우에는 증인으로 입회할 사람을 주선하여서 집행토록 합니다.

반드시 알아야할 경매의 **기본지식**

최소한의 기본지식은 알고 시작하라

Q & A 1

"경매란 도대체 무엇인가요?"

"채무자가 약속한 기일 내에 빚을 갚지 않을 경우 채권자가 법원으로 하여금 경쟁매매 방식으로 채무자의 부동산을 강제로 매각케 하는 것을 말합니다."

| 풀 이 |

경매란 다시 설명하면 채무자(빚을 진 사람)가 약속한 기일까지 빚을 갚지 않을 때, 채권자(돈을 빌려준 사람)가 법원으로 하여금 채무자 대신 경쟁매매 방식으로 채무자의 부동산을 강제로 매각케 하여 그 매각 대금으로 채권자의 채무를 변제 받는 절차를 말합니다.

따라서 채무자가 빚을 지고 갚지 않았기 때문에 돈을 빌려준 사람이 법원에 경매신청을 해서 그런 일이 생긴 것이지요.

　그런데 채권자의 자력구제에 의하여 채권자가 혼자 채무자의 재산을 강제로 처분하는 것은 허용되지 않고, 법원에 강제처분의 신청을 하여 국가 권력의 힘으로 경매를 실시하게 되는 것을 의미합니다.

　경매는 채권자가 채무자와의 관계를 증명할 수 있는 서류를 첨부하여 경매비용과 함께 신청서를 법원에 제출함으로써 진행됩니다.

　채권자가 채무를 변제받기 위해 경매에 붙인 부동산이 경쟁입찰을 통해 낙찰되면 채권자는 일정 채권을 회수하게 되며, 이 절차가 종료되는 것과 동시에 경매 절차가 종료됩니다. 즉, 경매는 채권, 채무관계를 최종적으로 정리하는 귀결점이라 할 수 있습니다.

Q & A 2

경매 종류에는 개인 간에 이루어지는 사경매와 법원이나 자산관리공사 등이 실시하는 공경매가 있는데 물론 박부자씨가 말하는 경매는 공경매의 일종이며 두 가지 모두 방식은 동일합니다.

경매 방법에는 강제경매와 임의경매가 있는데 강제경매는 집행권원으로, 임의경매는 담보권 존재 증명으로 경매를 신청합니다.

이들은 실질적으로 신청 절차에만 차이가 있고 경매 집행을 하는 데 있어서는 민사집행법에 의해 이루어진다는 점에서 차이가 없습니다.

임의경매란 채무자가 빚을 지면서 약속한 대로 갚지 못하면 그 소유의 부동산을 처분하여 채무변제에 충당하여도 좋다는 뜻으로 저당권, 전세권, 담보가등기권 등의 담보권을 설정합니다.

그러므로 실제 빚을 약속 기일에 갚지 않으면 별도로 재판할 필요 없이 곧바로 법원에 그 부동산을 처분하여 빚을 받도록 해달라는 경매를 신청하면 법원은 담보권의 존재만 등기부등본으로 확인하고 경매절차를 결정함으로써 임의경매가 진행됩니다.

여기서 말하는 임의경매의 정확한 이름은 담보권 실행을 위한 임의경매입니다.

채권자는 임의경매를 통해 채무자의 재산을 강제로 제3자에게 팔고 그

것의 대가로 자신의 채권을 돌려받게 되는 것입니다.

"집행권원이란 무엇을 말합니까?"

"집행권원이란 사법상 일정한 이행청구권의 존재와 범위가 표시되고, 그 청구권을 강제적으로 실현할 수 있는 집행력이 인정된 공정증서를 말합니다."

| 풀 이 |

집행권원은 이와 같이 문서 그 자체를 말하며, 그 문서에 표시된 청구권을 말하는 것인데, 구 민사소송법 제519조에서 사용하던 '채무명의'를 민사집행법으로 분리 제정하면서 '집행권원'이란 새로운 법률용어로 나타나게 되었습니다.

"강제경매가 이루어지는 과정에 대해서 간단히 설명해주십시오. 경매의 간단한 절차는 무엇입니까?"

"채무자가 빚을 갚지 않으면 채권자가 법원으로부터 빚을 갚으라는 판결 후 부동산에 대해서 압류조치를 취한 다음 경매신청을 하면 강제경매가 진행됩니다."

채무자가 약속한 날짜에 빚을 갚지 않을 때, 채권자는 이를 변제 받기 위하여 법원으로부터 채무자로 하여금 빚을 갚으라는 판결을 얻은 후, 집행문 부여 등 소정 절차를 거쳐 채무자의 부동산을 압류한 다음 강제 매각 해 달라는 경매신청을 하고 법원이 이를 결정함으로써 강제경매가 진행됩니다.

개인간의 법률적 분쟁이 있을 때 어느 일방이, 예컨대 채권자라 해서 채권의 존재를 혼자 확인, 판단하고 일반적으로 채권을 회수할 수는 없습니다.

채권의 존재여부, 채무 이행의 명령 등, 다시 말해 당사자의 합의 없는 사실 확인이나 권리, 의무 발생을 정하는 것은 모두 국가 기관인 법원의 몫입니다.

강제경매신청은 빚을 갚으라는 법원의 판결뿐만 아니라 확정된 지급 명령, 청구권이 있는 공정증서 등의 집행권원에 의하여 가능합니다.

"경매의 장점은 무엇이라고 생각합니까?"

"첫째, 고수익이 보장된다는 점입니다."

| 풀 이 |

이것은 경매의 가장 큰 장점인데 입찰자의 노력만으로 외부의 영향 없이 입찰자가 생각하는 만큼의 수익성을 올릴 수 있다는 것입니다.

이는 IMF 못지않은 현재의 불확실한 상황에서도 입찰 물건을 현황조사 및 권리분석으로 인해 경매 부동산의 낙찰과 동시에 그 물건의 수익성을 90% 이상 예측 가능하며 이로 인해 위험부담을 최소로 줄일 수 있다는 것입니다.

실제로 경매는 재건축, 재개발은 물론 분양 아파트보다 수익률이 높아 수익성 면에서 가장 유리한 부동산투자입니다.

경매는 경기가 불황일 때 투자 매력이 더욱 증폭되는데, 부동산 매매가격이 10% 하락되면 경매 부동산은 유찰 횟수가 한 차례 더 늘어나게 되어 20% 이상의 가격 하락이 유도되며, 경우에 따라서는 30% 이상의 가격 하락도 바라볼 수 있어 그만큼 수익률이 커집니다.

또한 세밀한 현장답사와 정확한 권리분석에 의한 투자를 할 경우 감정가와 시가의 40~60% 정도의 가격으로 낙찰을 받을 수도 있습니다.

"둘째는 절차가 간단하고 쉽게 누구나 할 수 있습니다."

| 풀 이 |

민사집행법으로 새로 분리 제정하면서 경매의 절차는 일반인도 직접 할 수 있을 만큼 더욱더 간단하게 되었습니다.

당신이 입찰표에 경매 물건의 사건번호와 입찰금액, 이름, 주소, 주민등록번호, 전화번호 등을 적어 입찰보증금과 함께 입찰봉투에 넣어 입찰함에 넣기만 하면 됩니다.

이후 집행관이 당신의 이름을 호명하면 법정 앞으로 나갑니다.

매각되었다면 보증금 영수증을 받고 몇 주일 뒤 대금 납부 통지서를 받아 대금을 법원에 낸 후 소유권 이전 서류를 갖추어 법원에 신청합니다.

법원은 소유권 이전등기를 대신해 주고 매수인에게 권리증을 보내줍니다.

만약 매각이 되지 않았을 경우에는 입찰 당일에 입찰보증금을 돌려받을 수 있습니다.

경매를 통해 부동산을 취득하면 토지거래 허가나 임야, 농지 등의 취득이 일반 매매에 비해 비교적 자유롭고, 특히 공장 등은 허가에 걸리는 시간과 비용을 절감할 수 있어 실질적인 부동산 소유의 절차가 간단합니다.

"셋째, 물건이 다양합니다."

| 풀 이 |

개인 및 회사의 파산 등으로 경매 물건이 날로 폭주하고 있고 부동산 경기가 하락하면서 양질의 우량 물건도 경매시장에 나오고 있습니다.

다양한 물건 중 자신이 필요로 하는 물건을 쉽게 찾아 구입할 수 있습니다.

"넷째, 물건의 정보가 명확하고 안전합니다."

| 풀 이 |

공신력 있는 감정평가기관에 의해 가격이 평가되므로 일반 부동산에 비해 가격에 대한 신뢰도가 높습니다.

권리분석만 정확하게 한다면 권리관계는 일반 부동산보다 명확하고 안전합니다.

최소한 사기성 부동산은 법원 경매 부동산에는 없습니다.

| 풀 이 |

정부에서 대형 국책개발사업들을 발표하면서 아울러 토지거래허가구역을 확대하고 투기과열지구, 투기지역 지정 등 각종 부동산투기억제대책을 내어 놓고 있습니다.

그러나 이러한 각종 부동산 규제책은 경매시장에서는 오히려 약이 됩니다. 토지거래허가구역 내에서 일정면적 이상 취득 시 토지거래허가는 받아야 하지만 경매를 통해 구입하는 경우에는 면적에 제한 없이 토지거래허가가 필요 없기 때문에 전국 소재 어느 토지든 자유롭게 취득할 수가 있습니다. 주택거래신고제의 경우에도 마찬가지로 매입시 부담하게 되는 취득세, 등록세 과세표준을 기준시가로 하는 일반매물과는 달리 경매부동산은 실거래가를 기준으로 한다는 점에서 그간 경매부동산의 약점이 되어 왔으나, 주택거래신고제 도입 지역에서는 일반부동산 거래에도 취득세, 등록세가 실거래가로 과세되기 때문에 이러한 경매 약점이 상대적으로 개선되었습니다. 이제는 일반부동산이나 경매부동산이 동일한 출발선상에 있기 때문에 그 만큼 경매부동산의 수익률이 상대적으로 더 개선된 셈입니다.

"여섯째, 등기부등본이 깨끗하게 정리됩니다."

| 풀 이 |

일반부동산을 매입할 때에는 등기부등본상에 복잡하게 얽혀 있는 이해관계를 각 이해관계인이 상호 협력하여 인수하거나 남길 것은 남기고 말소할 것은 말소해야 하는 절차가 남습니다. 반면 경매는 대금을 납부하고 법원에 소유권이전등기를 촉탁하면 특별한 경우를 제외하고는 등기부등본상의 모든 권리관계가 깨끗이 정리됩니다. 채권자들을 일일이 만나 협의할 필요도 없습니다.

Q & A 6

"그러면 경매의 단점은 없습니까? 있다면 무엇입니까?"

"첫째, 인도·명도에 문제가 있습니다."

매각 대금을 완납하여 정당한 소유권을 취득하고서도 실질적인 부동산을 명도받지 못한다면 정당한 권리 행사를 하는 데 어려움이 따릅니다.

그래서 인도나 명도를 받기가 일반 매매에 비해 쉽지 않은 경우가 있어 입주까지의 시간이 지연될 수 있으므로 충분한 시간을 가지고 경매에 참여해야 손해를 줄일 수 있을 것입니다.

반드시 알아야 할 경매의 기본지식

| 풀 이 |

일반 부동산은 쉽게 취득이 가능한 데 비해 경매 물건은 정확한 권리분석을 통해야만 안전하게 소유권을 취득할 수 있으므로 비전문가에게는 위험성이 내포돼 있습니다.

| 풀 이 |

매각 대금은 입찰시 통상 10%의 보증금을 내고 약 한 달 이내의 대금지

급기한까지 매각대금의 일시납을 하여야 하므로 낙찰 잔금에 대한 부담
감이 큽니다.

"넷째, 경매 부동산 취득의 가변성이 많다는 점입니다."

| 풀 이 |

경매 목적 부동산과 관련한 이해관계인의 이의 제기로 소유권 취득이
늦어질 수 있고, 대금납부 전에 채무변제가 이루어지면 경매 자체가 취소
될 수 있는 등 소유권 취득이 확정적이지 못합니다.

"다섯째, 취득시 세금의 부담이 큽니다."

| 풀 이 |

부동산 취득시 부담하여야 할 세금으로는 취득세, 등록세, 교육세, 농어
촌특별세가 있으며 일반매매일 경우는 통상 과세시가 표준액을 기준으로
하여 정하여진다면, 경매에 있어서는 매각금액 그 자체가 기준이 되어 세
금이 부과되므로 일반 매매보다는 세 부담이 비교적 큽니다.

▌경매날짜보다 확정날짜가 뒤진 경우

리숙한씨가 사는 집이 경매 중이다. 그런데 1500만 원에 전세로 이사를 하면서 그만 깜박하고 확정 신고를 하지 않았다. 다행히 주민등록 이전신고는 했다. 다행히 주민등록상의 전입일자가 최초근저당보다 빨라서 낙찰자로부터 전세금을 돌려받을 수 있었다. 그리고 낙찰금이 많을 때는 세입자들과 근저당권자들의 순위에 따라 배당을 받을 수 있다.

반드시 알아야할 경매의 기본지식

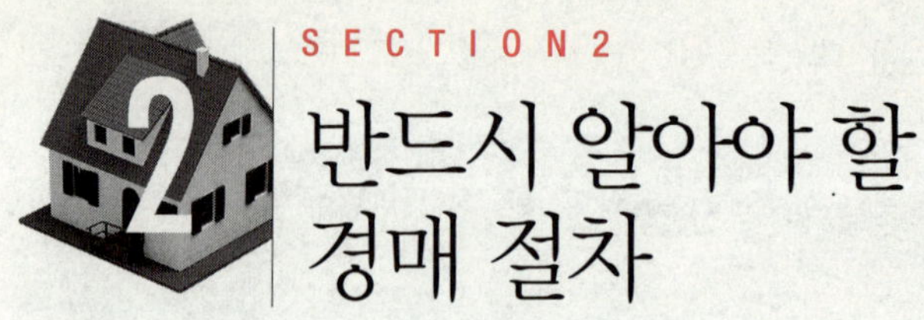

반드시 알아야 할 경매 절차

Q & A 1

"경매절차에 대해서 순차적으로 간단하게 요약하면?"

"첫째, 경매 신청을 하면 법원에서 경매 개시 결정을 합니다."

| 풀 이 |

그러면 신청자는 집행 비용을 예납합니다. 경매 개시 결정이 되면 기입 등기한 다음 경매 개시 결정문이 송달됩니다.

"둘째, 첫 매각 기일 이전에 배당 요구의 종기 결정 및 공고 를 합니다."

배당 요구를 하지 않아도 배당을 받을 수 있는 채권자는 다음과 같습니다.

> 첫경매 개시 결정 등기 전에 이미 등기를 명료한 담보권자, 임차권 등기 권자, 체납처분에 의한 압류등기권자, 가압류권자, 배당 요구 종기까지 한 경매 신청에 의하여 이중 개시 결정이 된 경우 압류채권자

"셋째, 배당 요구의 종기까지 반드시 배당 요구를 하여야 할 채권자는 다음과 같습니다."

| 풀 이 |

★ 집행력 있는 정본을 가진 채권자

★ 소액 임차인, 확정일자부 임차인, 임금채권자

★ 경매개시결정 기입 등기 후에 가압류한 채권자

★ 국세 등의 교부 청구권자

"넷째, 매각을 준비하는 데 그 과정은 다음과 같습니다."

| 풀 이 |

현황 조사 : 집행권은 부동산의 현상, 점유 관계, 차임 또는 임대차 보증
금의 수액 기타 현황에 관하여 조사를 합니다.

부동산 감정 평가 : 집행 법원은 감정인으로 하여금 경매 부동산을 평가
하게 하고, 그 평가액을 참작하여 최저 입찰 가격을 정합니다.

"다섯째, 입찰 물건 명세서를 작성하고 비치합니다."

| 풀 이 |

이것은 입찰자에게 부동산의 물적 부담상태, 취득할 종물, 주된 권리의
범위 등과 최저 입찰가격 산출의 기초가 되는 사실을 공시하여 신중한 판
단을 거쳐 입찰에 참가하게 함으로써 적정 가격에 의한 입찰을 도모하기
위하여 마련된 제도입니다.

"여섯째, 매각 및 매각 결정기일을 지정하고 공고와 함께 통
지합니다."

매각 기일 및 매각 결정 기일의 지정 : 최초의 매각 기일은 공고일로부터 14일 이상 간격을 두고 합니다.

매각 결정 기일은 통상 매각기일로부터 7일 후로 정합니다.

"일곱째, 매각 기일을 공고합니다."

입찰 기일의 공고 사항을 기재한 서면을 법원의 게시판에 게시하는 방법으로 하고, 최초의 입찰 기일에 관한 공고는 그 요지를 신문에 게재하는 외에 속행 사건과 함께 인터넷 법원 경매사이트에 공고합니다.

"여덟째, 매각기일을 이해관계인에게 통지합니다."

법원이 매각기일과 매각 결정기일을 지정하면 이를 이해관계인에게 통지합니다.

위 통지는 등기 우편으로 발송하며, 발송한 때 송달된 것으로 간주합니다.

| 풀 이 |

매각 장소는 법원 내에서 실시하고, 입찰표, 입찰 봉투, 입찰 사건 목록 및 입찰 물건 명세서를 법원에 비치합니다.

| 풀 이 |

매각 물건 명세서, 현황조사 보고서 및 평가서의 사본을 열람할 수 있음. 입찰자는 권리 능력과 행위 능력이 필요하며, 미성년자는 법정 대리인에 의하여만 입찰에 참가할 수 있습니다.

| 풀 이 |

매각 보증금은 최저 매각 가격의 1/10에 해당하는 금액을 매수 보증금으로 제공합니다.

① 호가경매 → ② 기일 입찰 → ③ 기간 입찰

| 풀 이 |

최고가 입찰자 결정 → 2인 이상일 경우 추가 입찰을 실시함

★ **차순위 매수 신고인의 결정**

최고가 입찰자의 입찰 가격에서 그 입찰 보증금을 공제한 금액을 넘는 가격으로 입찰에 참가한 자는 최고가 입찰자가 대금지급 의무를 이행하지 아니하는 경우에는 자기의 입찰에 대하여 낙찰을 허가하여 달라는 신고를 할 수 있습니다.

| 풀 이 |

★ 입찰 보증금의 반환

최고가 입찰자 및 차순위 입찰 신고인 이외의 입찰자에게 입찰 보증금을 즉시 반환하게 됩니다.

▌ **집 전주인은 연락이 되지 않고 보증금을 받기 위해 경매신청을 할 경우**

Q 명청한씨는 알뜰히 돈을 모아 지금보다 좀더 평수가 큰집으로 이사를 가려고 하자 집 전 주인이 종적을 감추고 나타나지 않는다. 그래서 전세금을 받고자 경매신청을 하려고 한다. 어떻게 해야 되는지?

A 명청한씨는 먼저 임차금 반환 청구소송을 내어 확정판결된 결정문을 가지고 강제집행을 신청할 수 있다.

그러기 전에 계약기간이 도래하면 임대인에게 내용증명으로 임대차 종료와 임차금반환의내용증명을 보내고 이에 대답이 없으면 법원에 내용증명과 전세계약의 사본을 첨부하여 소장을 낸다. 법원의 판결을 받으면 결정문과 피신청인이 결정문 송달을 받았다는 증명서를 첨부하여 제출하면 환가에 의한 강제경매가 진행된다.

경매정보 입수방법과 정보지 읽기

Q & A 1

"경매에 대한 정보는 어디서 어떻게 입수하나요?"

"신문 공고와 법원 정보지, 그리고 인터넷 경매사이트입니다."

| 풀 이 |

경매부동산의 정보를 얻는 방법은 크게 3가지로 나누어볼 수 있습니다.

첫째, 신문 공고입니다. 신문의 광고란을 유심히 살펴보면 경매에 대한 공고가 게재됩니다.

둘째, 대법원 법원경매정보 홈페이지에 들어가면 볼 수 있습니다.

셋째, 사설 경매 정보지로 나누어지며, 가장 먼저 알 수 있는 방법은 신문 공고이나 제한된 정보로 인해 실제 실무에서는 큰 도움이 되지 못하고 있습니다.

그래서 대법원 법원 경매정보 홈페이지와 사설 경매정보지에 관해 설명하기로 합시다.

인터넷의 대법원 경매사이트의 주소는 http://www.courtauction.go.kr 입니다. 대법원 경매사이트로 들어가면 우선 여러 가지 기능들에 대해 놀랄 것입니다.

사설 정보 제공업체 못지않은 기능들이 있으므로 잘만 활용하면 법원 경매 부동산을 매수받는 데 상당한 도움이 될 수 있을 것입니다. 법원 경매 정보사이트의 중요한 몇 가지 경우들에 관해 알아보기로 합시다.

상단 중앙 부분에 '경매 정보 검색' 란이 있고 그 속에 경매 물건검색, 매각 결과 검색, 경매사건 검색이 있습니다.

우선 경매 물건 검색은 각 지방 법원 및 지원에서 진행되는 경매계들을 보여주고 있습니다.

이때 우측의 물건 관련 서류란의 3가지 종류의 그림들은 매각기일 7일 전부터 열람이 가능하며 그림의 아이콘 들은 매각 물건 명세서, 현황 조사서, 감정 평가서이며 당일 법원에서 열람 가능한 서류는 위의 3가지입니다.

매각 결과 검색은 각 지방 법원 및 지원에서 실시된 각 경매계에 속한 사건들의 매각 결과의 대금을 알 수 있습니다.

경매사건 검색은 지방 법원 및 지원에서 진행되고 있는 사건 번호로 조화할 수 있고 더 자세히 들어가면 그 사건의 물건 내역, 기일 내역, 송달 내역들을 알아볼 수 있습니다.

이와 같이 대법원 법원 경매 정보 사이트에는 상당한 수준과 다양한 정보를 갖고 있으므로 이를 잘만 이용하면 큰 도움이 될 것입니다.

Q & A 2

"경매정보지는 어떻게 봅니까? 보는 방법에 대해서 설명해 주십시오."

"보는 방법은 한 마디로 답변하기 어려우므로 다음의 풀이란을 잘 읽어보기 바랍니다."

| 풀 이 |

경매정보지는 각 법원 및 지원에서 실시되는 경매계 별로 묶어서 만들어집니다. 계별 분류는 신문공고와 다를 게 없습니다. 경매정보지를 펼치면 어느 법원 몇 계 물건인지가 굵은 글씨로 인쇄돼 윗자리를 차지합니다.

설명용 사례에서 보듯 「서울중앙지방법원 1계 입찰목록」은 입찰실시 주체를 뜻합니다. 경매와 관계된 모든 행정업무처리는 경매 1계에서 담당하게 됩니다. 바로 밑에 작은 글씨로 쓰여진 「매각기일 2008년 10월 20일 10시」는 입찰시각을 나타냅니다. 그 옆의 「매각허가결정일자 2008년 10월 27일 14시」는 경매절차에 하자가 없음을 결정하는 일자를 의미합니다.

본문 박스로 들어가 보면 모두 6칸에 촘촘하게 글씨가 써 있습니다. 각 칸의 타이틀은 사건번호, 소재지, 면적, 등기부등본, 임차관계, 감정평가액, 경매결과 등의 순서로 기재되어 있는 것을 볼 수 있습니다.

그러면 하나하나를 상세히 설명해 보겠습니다.

| 사건번호 |

수천수만 건의 경매부동산을 구별하는 일련번호 성격의 사건번호가 붙어 있습니다.

채권자가 경매를 신청하면 경매집행 법원은 접수된 순서대로 사건번호를 부여합니다.

경매가 진행되는 동안 그 부동산은 소재지나 주소로 부르는 게 아니고 사건번호가 이름처럼 사용됩니다.

사건번호가 08 타경 123임을 알 수 있습니다. 08은 경매가 신청된 연도를 나타냅니다.

'타경' 이란 말은 일반 민사나 형사사건과 경매사건을 구분하기 위해 붙이는 사족에 불과하지 별다른 의미가 있는 것은 아닙니다.

돈을 빌려주고 등기부에 그 사실을 기재하였다가 돈을 갚지 않아 경매되는 사건을 임의경매라고 합니다.

반면에 강제경매는 돈을 빌려주었으나 그 사실을 등기부에 기재하여 놓지 않은 사람이 경매를 신청한 사건입니다.

임의경매는 등기부 등본란에 '임의' 라고 쓰여 있습니다. 만약 강제경매일 경우 '강제' 라고 쓰일 것입니다.

입찰참여자의 입장에서는 임의경매와 강제경매를 구분할 이유가 없습니다. 경매절차나 권리분석이 똑같기 때문입니다. 한마디로 신경 쓰지 않아도 됩니다.

| 종별 |

종별은 부동산의 현재 사용하는 용도를 분류한 것입니다. 아파트, 연립, 다세대, 단독주택, 근린주택, 상가, 전, 답, 임야, 공장 등으로 분류해 놓은 내용입니다.

등기부상에 기재되는 부동산의 주소가 등장합니다. 다만 신문공고상의 소재지란을 통해서는 단순한 지번밖에 파악할 수 없는 반면 정보지를 이용하면 경매부동산 인근의 현황까지 알 수 있습니다.

이처럼 경매정보지에 따라 붙는 현장설명은 경매부동산이 지방에 위치한 임야나 전, 답일 경우 많은 도움이 됩니다.

개발이 가능한 준농림지인지 아니면 도로가 붙은 땅인지, 주위에 특색 있는 이정표가 있는지 등이 정보지에 기재됩니다. 땅찾아 가기를 해 본 사람이면 알겠지만 시골에 소재한 부동산을 현장 설명 없이 지번만 가지고 찾아가기란 여간 어려운 일이 아닙니다. 또 농림지역, 준농림지역, 토지거래허가구역, 주거지역 등의 토지 용도 관련정보는 시·군·구청에서 토지이용계획확인원을 발급받아야만 확인이 가능한 고급 정보입니다. 경매정보지에는 대부분 이런 내용까지 포함하고 있어 책상머리에서 1차 선별 작업이 가능하도록 돕습니다.

| 면적 |

면적 란에는 경매부동산의 토지와 건물면적이 나타납니다.

따라서 투자자 입장에서는 입찰가액결정시 토지가치에 중심을 둬야 옳습니다. 신문공고에는 건물의 준공연도가 등재되지 않습니다. 아파트나 연립, 다세대 등 집합건물의 경우 대지지분까지 표시됩니다. 간혹 낡은 집합건물이 고가로 낙찰되는 것은 재건축 가능성이 높은 경우로 보면 틀림없습니다.

| 건물 등기부등본 |

경매정보지를 통해서만 얻을 수 있습니다. 등기부를 확인하지 않고 경매에 참여하는 것은 자살행위입니다. 불섶을 지고 불구덩이에 뛰어드는 꼴입니다. 요행히 운이 좋다면 모를까 돈 떼일 확률이 높습니다.

입찰자는 경매부동산의 등기부를 등기소에서 직접 발급 받든지 아니면 경매당일날 입찰가격을 써 넣기 직전에 순식간에 살펴보든지 둘 중 하나입니다. 경매개시 일주일 전에 경매법원에 관계서류가 비치되나 등기부는 비치목록에서 빠집니다.

경매 각 계별로 경매건수가 100건을 상회합니다. 경매부동산은 다시 토지와 건물로 구분되는 경우가 다반사이므로 각 계별로 확인해야 하는 등기부는 150건이 넘습니다. 1건당 등기발급수수료는 700원입니다. 150건을 다 떼어보려면 10만 원 정도가 소요됩니다. 시간 낭비는 또 얼마인가.

그러나 경매정보지에는 등기부상의 주요 권리가 등기부 순서 그대로 올라 있습니다.

굳이 등기부를 발급받지 않아도 책상머리에서 권리분석이 가능합니다.

등기부는 표제부, 갑구, 을구로 나뉩니다.

표제부의 기재내용은 소재지, 용도, 면적 등으로 경매정보지 「소재지」, 「종별」, 「면적」란에 나뉘어 표시됩니다.

등기권리관계가 약자로 표시됩니다. 정보지상 등장하는 약자 및 주의사항을 그대로 옮겨 봅니다.

1. 등기권리 약자표시 - 가등기 : 가등, 근저당 : 저당, 예고등기 : 예등, 근저당말소 예고등기 : 근예, 전세권 : 전세, 지상권 : 지상, 강제경매 : 강제, 임의경매 : 임의, 참가압류 : 참압으로 표기됩니다.

2. 진행결과 약자표시 - 미진행 : 미진, 분할낙찰 : 분할, 일부취하 또는 변경 : 취변, 변경 또는 연기 : 변연으로 표기됩니다.

3. 보다 신속한 정보를 보내고자, 신건의 경우는 등기부등본과 신문공고만으로 작성되었습니다. 기재되지 않은 임대차관계와 감정서내역은 다음달 목록에 게재됩니다.

4. 소재지와 면적란에 있는 ①, ②, ③ 등은 물건번호의 표시입니다.

5. 법원입찰기일공고 또는 경매정보 게재내용의 취하, 변경, 누락 및 게재상의 오탈자 여부를 입찰개시 1시간 전에 입찰장소에서 열람되는 입찰목록을 통해 최종 확인 후 입찰에 참여하여야 합니다. 경매정보지를 이

용하는 입찰참여자 입장에서는 경매당일 경매개시와 함께 허용되는 입찰목록 열람시간에 경매정보지의 내용이 실제 입찰목록과 일치하는가를 반드시 확인해야 합니다. 경매정보지상의 오탈자를 믿고 경매에 참여해 손실이 빚어질 경우 모든 책임은 전적으로 입찰자가 부담해야 하기 때문입니다.

| 임차관계 |

임차관계란은 경매전문가들이 정보지를 애용하는 가장 큰 매력 중의 하나입니다. 경매부동산에 거주하는 세입자 존재여부와 세입자가 있을 경우 이들의 전세금 규모와 입주일까지 표시됩니다. 물론 채무자나 집을 담보로 제공한 보증인이 직접 거주하는 경우에는 '없음' 이라고 기재됩니다. 세입자가 없다는 뜻입니다. 입찰자 입장에서는 '없음' 이라고 표시되는 경우가 가장 반갑습니다. 임대차 권리 분석의 걱정이 덜어지기 때문입니다.

경매정보지가 어떻게 작성되는가를 알면 이해가 쉽습니다. 정보지 제작업체는 경매개시 일주일 전 법원에 비치되는 임대차 현황조사서 열람을 통해 입주자 현황자료를 입수합니다. 즉, 집행관이 조사해 놓은 기록을 정보지에 그대로 옮겨 놓습니다.

이때 임대차 현황조사서에 공란으로 표시되면 경매정보지에도 공란으로 나타납니다. 법원마다 경우가 다르지만 조사가 불가능해 아예 공란으로 남겨 놓는 경우도 있고 세입자가 없다는 의미에서 공란으로 비워 놓을 수도 있습니다. 입찰자 입장에서는 어느 장단에 춤을 춰야 할지 모를 노릇입니다.

이와 관련 경매전문가들은 공란일 경우 일단은 세입자가 없는 것으로 판단하고 직접 동사무소에서 전출입현황을 점검하는 확인 절차를 거친 후 경매에 참여하는 게 일반적입니다. 공란일 경우 초보자가 무턱대고 덤벼서는 안 됩니다. 반드시 관할 동사무소에서 주민등록을 열람하여야 합니다.

한편 처음으로 경매에 붙여지는 신건은 임차관계란이 전부 공란으로 표시됩니다. 앞에서 말했듯 경매정보지의 「임차관계」란은 경매개시 일주일 전 비치되는 임대차현황조사서를 통해 작성됩니다.

경매정보지는 경매개시 10일 전쯤 작성돼 배달됩니다. 처음 경매에 붙여지는 신건의 경우 임대차현황조사서 열람절차를 거치지 않았다는 뜻입니다. 신건은 한차례 유찰돼 다시 경매에 붙여져야만 임대차현황조사서 열람절차를 거친 「임차관계」란이 작성됩니다.

결국 경매정보지상에 처음 등장하는 신건의 입주자 현황은 입찰참여자가 직접 경매개시 일주일 전 법원을 방문, 비치된 임대차 현황조사서를 열람해야 한다는 결론이 나옵니다.

그러나 신건의 경우 경매가격이 높아 팔려나가는 예가 드물고 1회 이상 유찰돼야 수요자들이 관심을 갖는다는 점을 감안하여야 합니다.

| 감정평가액 – 최저경매액 – 경매결과 |

이 란은 입찰참여자에게 경매의 흐름을 알려줍니다. '감정평가액'은 법원이 부동산을 경매로 처분하기 전 감정평가사를 통해 실시한 부동산의 시세가격을 뜻합니다. 부동산 전문가가 아니면 부동산의 객관적 가치를 판단하기 어렵습니다. 물론 얼마면 팔릴 수 있다는 판단은 동네 부동산이 가장 정확합니다. 그러나 동네 부동산 얘기만 듣고 섣불리 덤벼들 수는 없는 노릇입니다. 이런 경우 감정평가사의 가격 평가는 입찰자의 입찰가 결정에 많은 도움이 됩니다.

예를 들어서 시세가격이 177,304,890원인 주택이고 '경매결과'는 경매부동산이 언제 처음으로 경매에 붙여졌고 몇 번이나 유찰됐는지 등의 내력을 말합니다. 경매 결과란에 '분할'이란 단어가 자주 등장합니다. 하나의 경매사건에 속하는 여러 건의 부동산이 따로따로 경매되는 경우 일부만이 낙찰됐다는 뜻입니다. 팔리지 않고 남은 부동산은 가격이 낮춰져 다시 경매에 붙여지는 가격입니다. 입찰자는 이 금액 이상을 써넣어야만 낙찰받을 수 있습니다. 입찰자가 복수일 경우엔 더 많은 금액을 기재한 사람이 낙찰자로 선정됩니다.

최저경매가는 감정평가액에서 출발해 한번 유찰될 때마다 통상 20%씩 감액됩니다. 다만 한번 낙찰됐다가 매각대금 등을 납부하지 않아 재경매에 부쳐지는 물건은 입찰자가 없어 신매각되는 물건과 달리 최저경매가가 감액되지 않고 매각 당시의 최저경매가가 입찰기준액이 됩니다. 이처럼 재 매각된 물건은 입찰에 부쳐진 뒤 입찰자가 없어 다시 유찰될 경우에는 20% 감액 조치가 이뤄집니다.

부동산 경매 **신청**하기

경매 절차와 신청방법

Q & A 1

"부동산경매절차는 어떻게 진행됩니까?"

"부동산경매는 일정한 절차에 따라 진행됩니다. 경매절차를 전체적으로 개관하여 보면 다음 표와 같습니다."

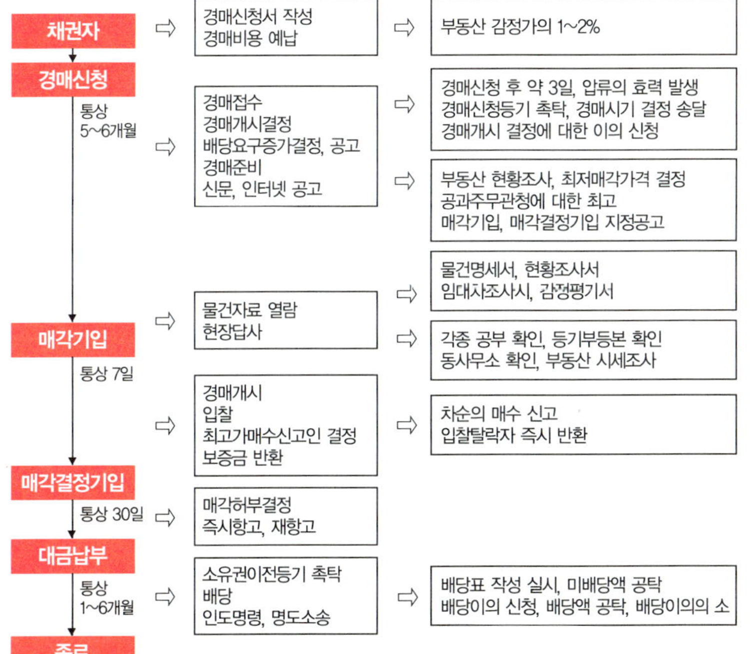

| 풀 이 |

첫째, 당사자입니다. 당사자로는 다음과 같습니다.

본인 : 경매신청의 당사자는 채권자와 채무자입니다. 당사자는 대리인에 의하여 소송행위를 할 수 있으며, 당사자가 소송무능력자인 경우에는 법정대리인을 표시해야 합니다.

둘째, 법정대리인입니다.

채권자, 채무자가 행위무능력자 즉 미성년자, 한정치산자, 금치산자인 경우에는 법정대리인이 경매신청을 할 수 있습니다.

또한 지배인, 선박관리인 등과 같이 법령에 의하여 재판상의 행위를 할 수 있는 대리인은 경매신청을 할 수 있습니다. 이 경우 대리인 자격을 표시해야 합니다.

셋째, 임의대리인입니다.

임의대리인이란 당사자의 친족, 고용 기타 특별한 관계에 있는 자를 말하며, 이들은 법원의 허가를 얻어서 경매신청을 할 수 있습니다. 이 경우 경매신청 대리허가신청서에는 본인과 대리인의 관계를 기재하고 이를 증명하는 문서를 첨부해야 합니다.

넷째, 변호사입니다.

변호사는 재판상의 행위를 대리할 수 있으므로 당연히 본인의 임의 대리인으로 경매신청을 할 수 있습니다.

다섯째, 금융기관입니다.

금융기관이 부동산에 대한 압류 채권자인 경우에는 금융기관 자신이 경매신청을 합니다.

| 풀 이 |

만약 경매신청서에 기재된 목적물이 등기부의 기재와 불일치할 경우에는 경매개시결정에 앞서 보정을 명합니다.

미등기 부동산에 대해 경매신청할 경우에는 등기공무원이 직권으로 소유권보전등기를 하고 경매개시결정기입등기를 합니다. 이 경우에는 미등기 부동산이 즉시 채무자의 명의로 등기할 수 있음을 증명할 수 있는 서류를 첨부해야 합니다.

채무자가 상속을 하였으나 아직 상속등기를 하지 않은 경우에는 대위에 의한 상속등기를 하고 그 상속을 소유자로 하여 경매신청을 할 수 있습니다. 이 경우 집행력 있는 정본 등과 같은 대위원인을 증명하는 서류를 첨부해야 합니다.

경매신청 전에 목적부동산의 소유자가 사망하여 상속이 개시되었으나 그 상속등기가 되지 않은 경우에는 대위에 의한 상속등기를 하고 그 상속인을 소유자로 하여 경매신청을 해야 합니다. 이를 간과하고 경매개시결정을 한 경우에는 신청채권자에게 상속대위등기를 하게 한 후에 소유자의 표시를 결정하면 됩니다.

나대지에 저당권을 설정한 후 그 설정자가 그 토지 위에 건물을 축조하여 소유하고 있는 경우에는 저당권자는 그 토지와 함께 건물에 대하여도 경매신청할 수 있습니다. 다만 저당권자는 건물부분의 매각대금에서는 우선변제를 받을 권리가 없습니다.

국세체납절차에 의한 압류부동산에 대한 공매와 민사집행절차에 의한 법원경매가 경합된 경우에는 쌍방절차에서 각 채권자는 서로 다른 절차에서 정한 방법으로 별도로 사건을 진행합니다. 이 경우 양 경락자 중에서 선순위로 그 소유권을 취득한 자가 진정한 소유자로 확정됩니다.

Q & A 4

"청구금액은 어느 정도이며, 한도액은 얼마입니까?"

"청구금액은 경매신청서에 기재된 채권액을 한도로 정합니다."

| 풀 이 |

즉 경매절차 개시를 한 후에 청구금액의 확장은 허용되지 않습니다. 이

는 강제경매의 경우에도 동일합니다.

다만 강제경매의 신청채권자는 채무명의를 가지고 있는 채권자로서 배당요구의 종기인 경락기일까지 배당요구를 할 수 있으므로 청구금액을 확장하여 청구하는 경우 이를 배당요구로 볼 수 있습니다.

경매신청서에 청구금액으로 원리금을 기재한 경우에는 경매개시결정에 원금만 기재되어도 채권자는 원리금의 변제를 받을 수 있습니다. 그러나 경매신청서에 이자의 기재가 없으면 후에 채권계산서를 제출하면서 이자를 청구하여도 이는 청구금액의 확장으로 보아 인정할 수 없습니다.

Q & A 5

"경매신청은 어떤 방식으로 합니까? 구두로도 가능합니까?"

"경매신청은 구두로 불가능하며, 서면으로 해야 합니다. 신청서에는 소정의 양식에 따라 기재해야 하며, 소정의 서류와 인지를 첨부해야 합니다. 소정의 양식은 아래 도표로 제시했습니다."

| 풀 이 |

경매신청서에는 채권자와 채무자의 주소, 성명을 표시합니다. 채무자의

주소가 부동산등기부상의 주소와 다른 경우에는 등기부상의 주소도 병기하며 주소변경이 있는 경우에는 신, 구 주소를 모두 병기합니다.

채권자와 채무자가 법인인 경우에는 그 명칭, 주된 사무소 또는 영업소, 대표자를 표시합니다. 법인의 명칭변경이나 상호변경의 경우에는 신, 구의 명칭 또는 상호가 동일인의 것이라는 증명서를 제출합니다.

경매신청서에는 경매의 목적물이 될 부동산을 특정하여 표시해야 합니다. 등기된 부동산의 경우에는 부동산등기부의 표제부에 기재되어 있는 대로 표시하고, 미등기 부속건물이 있으면 그 미등기 부속건물의 구조와 건물을 아울러 표시합니다.

강제경매에서 청구금액의 표시는 채무명의에 표시된 채권액의 범위 내로 기재해야 합니다. 청구금액의 표시는 반드시 확정금액으로 표시하여야 하는 것은 아니고 기간, 액수, 이율 등으로 계산 가능한 표시가 있으면 됩니다.

Q & A 6

"법원에서 경매신청을 접수한 다음에 어떤 절차가 진행됩니까?"

"경매신청서가 관할 집행법원에 접수되면 사건번호를 부여하고 담당 법관에게 사건을 배당하는 절차가 진행됩니다."

법원양식 1. 부동산 강제 경매신청서

부 동 산 강 제 경 매 신 청 서

채 권 자 성 명
　　　　주 소

채 무 자 성 명
　　　　주 소

청구금액 : 원금　　　　　원 및 이에 대한　　　년　　월　　일부터
　　　　　다 갚을 때까지 연　　　% 비율에 의한 금원

경매할 부동산의 표시 : 별지 목록 기재와 같음

　　　　　　경매의 원인된 채권과 집행할 수 있는 채무명의

채무자는 채권자에게　　　　법원　　　　가　　　　　　청구사건의
200　년　　월　　일 선고한 판결(또는　　공증인　　작성　　호 공정증서)
의 집행력 있는 정본에 기하여 위 청구금액을 변제하여야 할 것이나 이를 이행하지
아니하므로 위 부동산에 대한 강제경매 절차를 개시하여 주시기 바랍니다.

첨 부 서 류
1. 집행력있는 정본　　　　　　1통
2. 송달증명서　　　　　　　　1통
3. 부동산등기부등본　　　　　1통

　　　　　　　　　　　년　　　　월　　　　일

　　　　위 채권자　　　　　　　(인)
　　　　연락처(☎)

　　　　지방법원　　　　귀중

법원양식 2. 부동산 임의 경매신청서

부 동 산 임 의 경 매 신 청 서

채 권 자 성 명
       주 소

수입인지
5,000원

채 무 자 성 명
       주 소

청구금액 : 원금　　　원 및 이에 대한　　년　월　일부터 다 갚을 때까지
　　　　　연　　% 비율에 의한 금원

경매할 부동산의 표시 : 별지 목록 기재와 같음

담보권과 피담보채권의 표시

채무자는 채권자에게　　　년　월　일 금　　　　원을, 이자는 연　%, 변제기일　　년　월　　일로 정하여 대여하였고, 위 채무의 담보로 별지목록기재부동산에 대하여　　　지방법원　　등기 접수 제　　　호로서 근저당권설정등기를 마쳤는데, 채무자는 변제기가 경과하여도 아직까지 변제하지 아니하므로 위 청구금액의 변제에 충당하기 위하여 위 부동산에 대하여 담보권실행을 위한 경매절차를 개시하여 주시기 바랍니다.

첨 부 서 류
　　1. 부동산등기부등본　　　　　　　　　　　　　　1통
　　2. 근저당권설정계약서(채귀증서 또는 원인증서 포함)사본　1통

년　　　월　　　일

위 채권자　　　　　　(인)
연락처(☎)

지방법원　　　귀중

경매신청이 있으면 집행법원은 신청서의 기재 및 첨부서류에 의하여 강제집행의 요건 등에 대하여 형식심사를 하고 신청요건에 하자가 있으면 경매신청서 제출자에게 보정을 촉구합니다.

신청사건이 중복사건인 경우에는 선행사건의 담당부로 재배당합니다.

경매신청에 요건의 하자가 있고 이 하자가 보정할 수 없는 경우에는 결정으로 신청을 각하합니다. 경매신청을 각하하는 재판에 대하여는 즉시항고할 수 있습니다.

Q & A 7

"경매비용은 얼마나 들며, 예납은 어떤 절차로 합니까?"

"경매신청인이 예납할 경매비용은 부동산의 감정료, 현황조사수수료, 서류의 송달료, 신문 공고료, 경매수수료 등입니다. 예납은 법원 보관금 취급규칙에 의거하여 예납해야 합니다."

| 풀 이 |

경매신청인은 경매신청 시에 강제집행에 필요한 경매비용을 법원 보관금 취급규칙이 정하는 바에 따라 예납하여야 합니다. 사건진행 중 송달료가 부족하여 추가로 납부하고자 할 때도 수납은행에 비치되어 있는 송달

료 납부서에 사건번호와 금액을 기재하여 수납은행에 납부합니다.

경매신청인이 경매비용을 예납하지 않으면 법원은 경매신청을 각하하

거나 집행절차를 취소할 수 있습니다.

 **사 례 로 알 아 보 는 경 매 지 식**

> **■ 1억 원짜리 경매를 신청할 때의 경매 비용**
>
> 현명한씨는 인천에 있는 1억3천만 원짜리 아파트를 1억 원에 경매를 신청
> 했다. 경매신청의 총 비용이 다음과 같았다.
>
> ① 등록세 – 청구채권금액의 2/100
>
> ② 교육세 – 등록세의 20/100
>
> ③ 신문공고료 – 경매물건 2개까지 기본공고료 200,000원
>
> ④ 현황조사수수료 – 건당 63,200원
>
> ⑤ 송달료 – (이해관계인수+3)×27,000원
>
> ⑥ 감정료 – 1억5천만 원까지 200,000원
>
> ⑦ 첩부인지대 – 건당 5,000원
>
> ⑧ 유찰수수료 – 1회당 6,000원

경매개시결정

Q & A 1

" 경매개시결정은 어떻게 진행됩니까?"

"첫째, 경매개시결정의 시기를 정합니다."

| 풀 이 |

법원은 경매신청의 요건이 구비되었다고 판단하면 경매신청서 접수일

로부터 2일 이내에 경매개시결정을 합니다. 경매개시결정을 할 경우 동시

에 그 부동산에 대한 압류를 명해야 합니다.

"둘째, 결정서에 기재하는데 경매개시결정서의 기재사항은 다음과 같습니다."

| 풀 이 |

① 사건번호

② 채권자 · 채무자의 주소 및 성명

③ 부동산의 표시

④ 별지 기재 부동산에 대하여 경매절차를 개시하고 채권자를 위하여

이를 압류한다는 취지

⑤ 청구금액

⑥ 결정이유

⑦ 결정날짜

Q & A 2

"경매개시결정의 효력은 언제부터 발생합니까?"

"경매 결정이 채무자에게 송달된 때부터 또는 경매신청의 기입등기가 된 때부터 효력이 발생합니다."

경매개시결정이 채무자에게 송달된 시기와 경매신청등기가 된 시기 중에서 먼저 된 시기에 경매개시결정의 효력이 발생합니다.

압류의 효력으로 채무자는 그 부동산을 처분할 수 없습니다. 즉 채무자는 압류된 부동산을 타에 양도하거나 담보권 또는 용익권의 설정 등의 처분행위를 할 수 없습니다. 그러나 채무자는 압류 후에도 경락인이 소유권을 취득할 때까지 부동산의 교환가치를 감소하지 않는 한도 내에서 그 부동산을 사용·수익·관리할 수 있습니다.

Q & A 3

"압류의 효력은 언제 소멸됩니까?"

"경매개시결정에 의한 압류의 효력은 경매대금의 교부·경매신청의 취하 등으로 집행이 종료되거나 목적물이 멸실되면 소멸합니다."

| 풀 이 |

집행법원은 경매개시결정을 하였을 때에는 직권으로 그 사유를 등기부에 기입할 것을 등기촉탁서 원본으로 등기관에게 촉탁해야 합니다.

목적부동산이 여러 개인 경우 관할등기소가 각각 다른 때에는 각 등기소별로 촉탁서를 작성하여 촉탁해야 합니다.

등기촉탁의 시기는 경매개시결정과 동시에 또는 개시결정 직후에 촉탁해야 합니다. 통상 법원은 경매개시결정 정본을 채무자에게 송달하기 전에 촉탁해야 합니다. 이는 채무자에게 경매개시결정 정본이 송달된 후에 촉탁하면 경매개시결정 송달 후 경매개시결정등기 전에 채무자가 즉시 목적부동산을 타에 처분하거나 담보권설정 등으로 채권자에게 불측의 손해를 입힐 우려가 있기 때문입니다.

등기관은 법원으로부터 경매개시결정등기의 촉탁이 있으면 그 촉탁서에 의해 경매개시결정등기를 등기부에 기입해야 합니다.

▌본인도 모르게 경매기일이 연기되었을 경우

봉급쟁씨가 전세를 주었는데 임차인이 전세를 반환하지 않아 법원으로부터 2007년 9월까지 임대인이 전세금을 반환하지 않으면 25% 이자를 지급하라는 판결을 받았으나 이행하지 않아 2007년 10월에 경매를 신청하였는데 돌연 2008년 1월로 연기되었다.

경매기일 연기는 채무자와 채권자간의 합의에 의해 이루어지는데 법원의 착오로도 이루어질 수 있다. 해당법원에 문의해 봐야 한다.

모르면 손해 보는
채권신고의 최고 방법

Q & A 1

"채권신고의 최고방법은 어떤 방법을 택합니까?"

"채권신고의 최고방법에는 제한이 없으나 통상 서면으로 하고 있습니다. 즉 '채권신고최고서'를 발송합니다."

| 풀 이 |

집행법원은 경매절차의 이해관계인에게 채무자 또는 소유자에 대하여 가진 채권의 원금, 이자, 비용 기타 부대채권의 내역을 기재한 계산서를 제출할 것을 최고합니다. 채권신고 최고기간은 경락기일 전까지로 규정하고 있으나 실무에서는 잉여의 유무를 판단하기 위하여 제출시한을 정하여 최고하고 있습니다.

채권신고의 최고는 경매개시결정일로부터 3일 이내에 하도록 되어 있으며, 실무에서는 통상 경매개시결정과 동시에 하고 있습니다.

| 풀 이 |

경매개시결정시 집행법원은 압류채권자, 집행력 있는 정본에 의하여 배당을 요구한 채권자, 부동산등기부에 기입된 부동산의 권리자, 부동산의 권리자로서 그 권리를 증명한 자 등 경매절차의 이해관계인에게 '채권신고최고서'를 발송합니다.

"부동산을 공유하고 있는 공유자에 대해서는 어떤 방법으로 통지합니까?"

"부동산 공유지분에 대한 경매신청이 있는 경우에는 경매개시결정등기 후에 다른 공유자에게도 경매신청이 있음을 통지해야 합니다."

| 풀 이 |

그러나 공유자라고 할지라도 누가 공유자가 되어도 이해관계가 없을 경우에는 통지를 하지 않을 수 있습니다. 예컨대 아파트, 다세대주택 등의 대지권에 관한 공유지분과 같이 구분소유권적 공유의 경우에는 누가 공유자가 되더라도 이혜관계가 없다할 것이므로 통지를 하지 않을 수 있습니다.

통지결여의 효력에 대하여는 통지결여를 이유로 경매개시결정의 효력에는 영향이 없습니다. 다만 경매가 진행되어 경락허가를 한 경우에 대한 공유자가 이를 이유로 경락허가에 대한 이의 또는 경락허가결정에 대한 항고를 할 수 있습니다.

권리신고 겸 배당요구신청서

사건번호　　　타경　부동산강제(임의)경매
채 권 자
채 무 자
소 유 자

본인은 이 사건 경매절차에서 임대보증금을 우선변제받기 위하여 아래와 같이
권리신고 겸 배당요구를 하오니 매각대금에서 우선배당을 하여 주시기 바랍니다.

아　　래
1. 계 약 일 :　.　.　.
2. 계약당사자 : 임대인(소유자) ○　○　○
　　　　　　　　　임 차 인　○　○　○
3. 임대차기간 :　.　.　.부터　.　.　.까지(년 간)
4. 임대보증금 : 전세　　　원
　　　　　　　보증금　　　원에 월세
5. 임차 부분 : 전부(방　칸), 일부(총 방　칸)
　(※ 뒷면에 임차부분을 특정한 내부구조도를 그려주시기 바랍니다)
6. 주택인도일(입주한 날) :　.　.　.
7. 주민등록전입신고일 :　.　.　.
8. 확 정 일 자 유무 : □ 유(　.　.　.), □ 무
9. 전세권(주택임차권)등기 유무 : □ 유(　.　.　.), □ 무

[첨부서류]
1. 임대차계약서 사본 1통
2. 주민등록등본　　1통

　　　　　　　　　　년　　　월　　　일
　　　　관리신고 겸 배당 요구자　　　　　(인)
　　　　연락처(☎)

　　　　지방법원　　　　　귀중

낙찰을 받아 잔금을 준비하고 있는데 채무자가 채무를 변제하려고 하는 경우

중소기업에 근무하는 현명한씨는 2007년 말 1억5천만 원 정도 손에 쥐고 직장 부근에 아파트를 구입하고자 생각하던 나머지 이 돈으로 자신이 원하는 아파트를 구하는 방법으로는 경매가 가장 좋은 방법이라고 생각하고 경매에 참여하기로 했다. 적합한 물건을 구하던 중 경매정보지에 자기 직장 부근인 강동구에 위치한 S아파트가 눈에 뜨였다.

정보지에 나와 있는 내용에 의하면 S아파트 56㎡ 방 3개짜리로 감정가는 1억8천만 원이었으나 1차 유찰로 최저가가 감정가의 비해 80%선인 1억4천만 원 선으로 떨어진 상태였다.

이 물건에 경매 신청하기로 하고 경매에 필요한 절차를 하나씩 밟아가기로 했다.

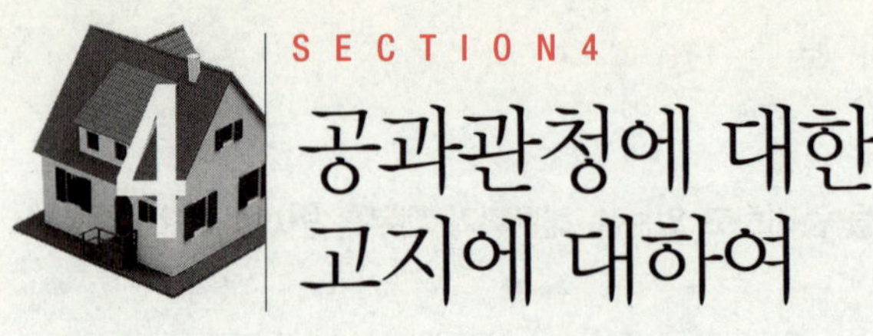

공과관청에 대한 고지에 대하여

Q & A 1

"세금이나 각종 공과금은 누가 어떻게 처리합니까?"

"집행법원이 세무서 등 관할 관청에게 통지할 것을 최고합니다."

| 풀 이 |

집행법원은 경매개시를 결정한 때에는 조세 기타 공과를 주관하는 공무소에 대하여 그 부동산에 대한 체납공과금의 유무와 한도를 일정한 기간 내에 통지할 것을 최고해야 합니다.

최고의 대상 관할관청은 경매할 부동산 소재지의 시·군·구 등 관할 관청장, 부동산 소유자의 주소지를 관할하는 세무서장 등입니다.

최고는 경매개시결정일로부터 3일 이내에 2주일 이내의 기간을 정하여 최고해야 하며, 통상 송달의 방법으로 최고합니다.

"임차인에 대하여도 경매사실을 통지하는지, 하면 어떤 방법으로 하는지요?"

"경매가 진행중임을 알립니다."

| 풀 이 |

집행법원은 현황조사보고서상의 임차인이나 임차인일 가능성이 있는 사람에게 대상 부동산에 대하여 경매절차가 진행중임을 알리고 배당요구를 해야만 배당받을 수 있음을 통지합니다.

"경매개시결정을 알리는 의미는 법적으로 어떤 의미가 있습니까?"

"경매개시결정의 당사자에 대한 고지는 경매개시결정의 효력발생 요건이므로 유의하여 송달합니다."

강제경매의 경우에는 채무자에게 송달하고, 임의경매의 경우에는 소유자에게 송달해야 하며 채무자에게는 상당한 방법으로 고지하면 됩니다. 실무에서는 소유자와 채무자 모두에게 송달의 방법으로 고지합니다.

이중경매개시결정을 할 경우에도 송달해야만 경매개시결정의 효력이 발생합니다.

채권자에게도 고지의 방법으로 그 정본을 송달합니다. 그러나 채권자에게는 송달이 아닌 다른 적당한 방법으로 고지하여도 무방합니다. 채권자에게 경매개시결정을 송달하지 않고 경매절차를 진행해도 경락의 효력에는 영향이 없습니다.

채무자나 소유자가 주소불명 등으로 송달불능이 된 경우에는 먼저 채권자에게 주소보정을 명하고 보정된 주소로도 송달이 안 되는 경우에는 당사자의 신청 또는 직권으로 '공시송달' 의 방법으로 송달합니다.

채무자나 소유자가 외국에 거주하여도 송달해야 합니다. 외국송달의 방법은 그 외국에 거주하는 대한민국 영사에게 촉탁합니다. 외국송달의 경우 경매개시결정의 송달은 필요하나 기타 입찰기일의 통지 등은 불필요합니다.

"경매개시결정의 송달 시기는 언제입니까?"

"경매개시결정의 송달 시기는 개시 결정일로부터 3일 이내에 채무자에게 송달합니다."

| 풀 이 |

실무에서는 경매개시결정에 대한 등기촉탁을 먼저 하고 그 후 등기기관으로부터 등기부등본 또는 이에 갈음하는 통지서를 송부 받은 후 또는 경매개시결정 기입 등기를 촉탁하고 상당한 기간이 경과된 후에 경매개시결정 정본을 채무자에게 송달합니다.

실무에서 등기기관으로부터 등기부등본이나 이에 갈음하는 통지서를 송부 받은 후 또는 등기촉탁 후 상당한 기간이 경과한 후에 채무자에게 송달합니다. 그 이유는 경매개시결정 기입 등기 종료 전에 경매개시결정 정본이 채무자에게 송달된 경우 채무자가 즉시 목적 부동산을 타에 처분할 우려가 있기 때문입니다. 이는 부동산 압류의 효력은 경매개시결정이 채무자에게 송달된 때 또는 경매개시결정등기가 된 때에 발생하기 때문입니다.

▌우편물 수취거부나 송달을 고의적으로 거부하여 집행을 연기시켰을 경우

인색한씨가 편범한씨에게 5천만 원을 빌려주고 돈을 갚지 않자 내용증명서를 보내었으나 수취를 거부하거나 송달접수를 거부하여 집행을 지연시켰을 경우에는 만나지 못한 때에는 그 사무원이나 동거인 등 사리를 분별할 수 있는 자에게 교부할 수 있고, 송달을 거부할 경우 송달할 수 있는 장소에 서류를 두어 송달의 효력을 발생시킬 수 있는 유치송달을 할 수 있다. 따라서 인색한씨는 이웃사람들에게 문의하는 등으로 본인 또는 동거인이라는 것이 판명되면 유치송달이 가능하다.

경매개시결정에 대한 이의신청

Q & A 1

"경매사건과 이해관계가 있는 사람이 경매에 대해서 이의신청을 할 수 있는지 또 어디에 이의신청을 해야 합니까?"

"할 수 있습니다. 경매사건의 이해관계인은 경락대금 완납 시까지 경매개시결정에 대한 이의신청을 할 수 있습니다. 경매개시결정에 대한 이의신청은 개시 결정을 한 집행법원에 합니다."

Q & A 2

"이의신청을 할 경우 어떤 이유로 이의신청을 할 수 있습니까?"

"이의신청을 할 경우는 다음과 같은 경우입니다."

　강제경매의 경우 이의신청의 사유는 절차상의 사유에 한합니다. 즉 경매신청방식의 적부, 경매신청인의 적부, 대리권의 존부, 목적부동산 표시의 불일치, 집행력있는 정본의 불일치, 집행채권의 기한미도래 등 형식적 효력에 관한 것입니다.

　이의신청의 사유는 경매개시결정 전의 것이어야 합니다. 따라서 경매개시결정 후의 위법사유는 이의사유가 되지 않습니다.

　임의경매의 경우 이의신청의 사유는 절차상의 사유는 물론 실체상의 사유도 인정됩니다. 즉 절차상의 사유인 경매신청방식의 적부, 신청의 적부 등은 물론이고, 실체상의 사유인 저당권의 부존재, 저당권의 소멸, 무효 또는 변제 등도 이의신청이 가능합니다.

　저당권의 부존재 또는 경매개시결정 이전에 저당권이 소멸된 경우에는 경매가 진행되어 경락된 경우 경락인의 목적부동산을 취득하지 못합니다. 그러나 채무변제는 경락인이 대금납부 전까지 경매개시결정에 대한 이의신청을 해야 합니다.

“이의신청 효력이 있습니까?”

“이의신청은 집행정지의 효력이 없습니다.”

| 풀 이 |

왜냐하면 이의신청에 대한 재판은 변론을 열거나 열지 않고 결정의 형식으로 합니다. 변론을 열지 아니하는 경우에도 당사자나 이해관계인을 심문할 수 있습니다. 일반적으로 변론을 여는 경우는 거의 없으며 서면 심리에 의합니다.

이의신청에 대한 심리결과 이의가 있는 경우에는 경매개시결정을 취소하고 경매신청을 기각합니다. 이의신청이 부적법하거나 이유 없는 경우에는 이의신청을 각하 또는 기각합니다.

“이의신청의 결정에 대하여 불만이 있을 때 어떤 방법이 있습니까?”

“이의신청에 대한 결정에 대하여 불만이 있을 때는 즉시항고를 할 수 있습니다.”

즉시항고는 이의신청에 대한 재판의 고지일로부터 1주일 이내에 제기해야 합니다. 즉시항고는 집행정지의 효력이 없습니다.

즉시항고가 이유 있는 경우에는 법원은 그 재판을 경정해야 합니다. 즉시항고가 이유 없는 경우에는 의견서를 첨부하여 그 기록을 항고 법원에 송부해야 합니다.

부동산 경매

입찰준비를
하다

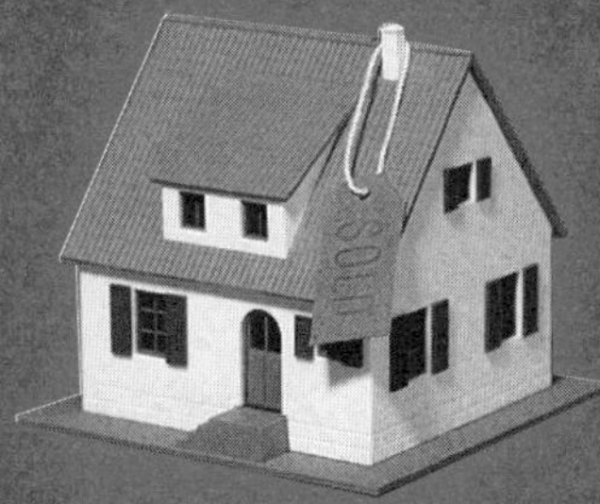

입찰준비는 어떻게 해야 하는가?

Q & A 1

"현황조사는 어떤 방법으로 할 수 있습니까?"

"첫째, 집행법원은 집행관에게 현황을 조사하도록 명령을 해야 합니다."

| 풀 이 |

집행법원은 경매개시결정을 한 후 지체없이 집행관에게 부동산의 현황, 점유관계, 차임 또는 보증금의 수액 기타 현황에 관하여 조사할 것을 명해야 합니다. 실무에서는 경매개시결정일로부터 3일 이내에 집행관에게 현황조사명령을 발합니다.

점유자가 없어 조사를 할 수 없는 경우에는 야간이나 휴일에 현황조사를 실시하고 그 사유를 기재해야 합니다.

집행관이 현황조사보고서를 제출한 후에 새로운 사항에 대하여 조사할 필요가 있거나 보충조사를 할 필요가 있을 경우에는 추가조사 명령이나 재조사명령을 할 수 있습니다.

"둘째, 집행관은 현황조사에 대한 모든 권한을 가지고 집행합니다."

| 풀 이 |

집행권은 현황조사를 위하여 부동산에 출입할 수 있고 채무자 또는 그 점유자에게 질문하거나 문서의 제시를 요구할 수 있습니다. 또한 집행관은 부동산에 출입하기 위해 필요한 때에는 잠긴 문을 여는 등 적절한 처분을 할 수 있습니다.

Q & A 2

"부동산 현황조사보고서에 대해서 말해주세요."

"그 양식은 다음도표와 같습니다."

부동산 현황 조사보고서

○　○법원 판사 귀하

○○ 타경 ○○부동산경매사건에 관하여 다음과 같이 부동산의 현황을 조사 보고합니다.

1. 부동산의 표시
2. 조사의 일시
3. 조사의 장소
4. 조사의 방법
5. 야간, 휴일에 실시한 경우 그 사유

첨부. 1. 부동산의 현황 및 점유관계조사서
　　　2. 임대차관계조사서

○○년 ○○월 ○○일
집행관 ○ ○ ○

| 풀 이 |

집행관은 현황조사보고서를 2주일의 기간 내로 집행법원에 제출해야 합니다. 부동산 현황조사보고서에는 부동산의 표시, 조사일시, 조사장소, 조사방법, 야간이나 휴일에 실시한 경우 그 사유 등을 기재해야 하며 부동산의 현황을 알 수 있도록 도면, 사진을 첨부해야 합니다.

알지 못하면 손해 보는 감정평가

Q & A 1

"감정평가는 어떻게 진행됩니까?"

"집행법원은 감정인으로 하여금 부동산을 평가하게 하고 그 평가액을 참작하여 최저경매가격을 정합니다."

| 풀 이 |

감정은 한국감정평가협회의 소속회원 중에서 각급 법원이 선정한 감정평가사무소의 감정인이 행합니다.

평가명령은 경매신청기입등기 등기필증의 송부를 받은 날로부터 3일 이내에 하도록 되어 있으며, 감정인의 감정평가서 제출기간은 2주일 이내로 정하고 있습니다.

　평가명령 후에 집행장애 사유가 발견된 경우에는 즉시 감정인에게 연락해 평가에 착수하지 않도록 명해야 하며, 감정인은 집행 법원의 별도 통지가 있을 때까지 경매목적물에 대한 감정평가업무 및 감정평가서의 작성을 중단해야 합니다.

"감정인은 어떤 방법으로 감정평가를 합니까?"

"감정인은 '지가공시 및 토지 등의 평가에 관한 법률'과 '감정평가에 관한 규칙'에서 정한 기준에 따라 감정평가를 해야 합니다."

| 풀 이 |

　감정인은 평가를 위하여 부동산에 출입할 수 있고 채무자 또는 그 부동산의 점유자에게 질문하거나 또는 문서의 제시를 요구할 수 있습니다. 그러나 감정인은 집행관과는 달리 부동산에 출입하기 위해 강제력을 행사할 수는 없고 강제력의 행사가 필요한 경우에는 집행법원의 허가를 얻어 집행관의 원조를 구할 수 있습니다.

　감정인은 집행법원의 명에 의해 그 직무를 수행할 때에는 신분 또는 자격을 증명하는 문서를 휴대하고 관계인의 청구가 있는 때에는 이를 제시해야 합니다.

감정인이 경매부동산을 평가할 때는 신뢰할 수 있는 자료가 있는 경우를 제외하고는 실지조사에 의하여 부동산 현황을 확인해야 합니다. 따라서 감정인이 육안으로 부동산 현황을 확인하지 않고 감정평가액을 산출한 경우에는 그 감정이 정당하다고 할 수 없으므로 집행법원은 감정인에게 재조사하여 감정하도록 보정을 명합니다.

경매부동산의 실지조사는 반드시 감정평가사 본인이 해야 하는 것은 아니며 업무를 원활하게 할 사정이 있는 경우에는 조사능력이 있는 보조자에 의해 이루어질 수 있습니다. 통상적으로 감정평가사무소의 조사 직원이 부동산 현황을 확인하고 인근 부동산중개소 등에서 시세조사 및 감정자료를 조사하고 있습니다.

Q & A 3

"재평가 명령은 어떤 경우에 명할 수 있나요?"

"법원이 재평가를 명령할 경우는 다음과 같습니다."

| 풀 이 |

집행법원은 감정인의 평가가 합리적 근거가 없거나 또는 경제사정의 급격한 변동으로 당초의 평가액이 현재의 시세와 현저한 차이가 나서 이를 최저경매가격으로 삼을 수 없다고 판단되는 경우에는 재평가를 명할 수 있습니다.

Q & A 4

"감정평가보고서에는 어떤 내용이 들어 있습니까?"

"감정평가서에는 평가목적, 평가의뢰인, 평가기준, 평가방법, 평가가격 산출근거, 평가의견 등이 기재되어 있고, 감정평가사의 날인이 있습니다."

| 풀 이 |

토지평가 요항표에는 위치 및 부근의 상황, 교통상황, 형태 및 이용상태, 도로상태, 토지이용계획관계 및 공법상 제한상태, 제시목록 외의 물건, 공부와의 차이, 임대관계 및 기타 사항을 기재합니다.

위치도, 건물내부 구조도, 사진 등을 첨부해야 합니다.

"경매감정가를 믿을 수 있습니까?"

"경매감정가만 믿으면 큰코 다칩니다."

| 풀 이 |

큰코 다치는 이유는 법원경매시장에서경매대상의 물건 값을 평가한 감정가가 시세를 반영하지 못하는 사례가 종종 있기 때문입니다. 감정평가는 감정평가사의 주관이나 감정이 개입될 수밖에 없어서 동일한 물건도 다른 값으로 평가될 수 있습니다.

 **사 례 로 알 아 보 는 경 매 지 식**

▎며칠 사이에 감정가격이 하락한 경우

명석한 씨가 정보지를 통해서 얻은 서울 대치동 소재한 빌라는 3억3천만 원에 평가되어 경매를 진행중이었는데, 채무변제로 경매가 취하되었다가 다시 다른 채무자가 경매에 붙였는데, 이 때 평가된 금액은 2억9천만 원이었다. 그래서 경매에 입찰하기로 결정하였다.

경매가격의 결정

Q & A 1

"최저경매가격은 어떻게 결정되나요?"

"집행법원은 감정인의 평가액을 참작하여 최저경매가격을
정해야 합니다."

| 풀 이 |

감정인이 평가가격을 그대로 최저경매가격으로 정해야 하는 것은 아니
지만 실무에서는 감정인의 평가가격을 그대로 최저경매가격으로 정하는
것이 일반적입니다.

"경매물건명세서 작성은 누가 하며 그 내용에는 어떤 것이 게재되어 있습니까?"

"경매물건명세서에 기재할 사항은 다음과 같습니다."

| 풀 이 |

집행법원은 집행관의 현황조사보고서와 감정인의 감정평가서를 받은 후 감정인의 평가액을 참작해 최저경매가격을 결정하고 경매 물건명세서를 작성합니다.

경매물건명세서에 기재할 사항은 다음과 같습니다.

★ 부동산의 표시

등기부등본상의 부동산 표시를 그대로 기재하되 등기상 표시와 부동산 현황이 다른 경우에는 현황도 병기합니다. 또한 감정평가액과 최저입찰가격 등도 표시합니다.

★ 부동산의 점유자와 점유의 권원, 점유할 수 있는 기간, 차임 또는 보조금에 관한 관계인의 진술과 등기된 부동산에 관한 권리 또는 가처분으로서 경락에 의해 그 효력이 소멸되지 아니하는 내용 그리고 경락에 의하여 설정된 것으로 보게 되는 지상권의 개요 등이 게재되어 있습니다.

"경매물건명세서 비치를 비치하는 이유는 무엇이며, 어디에 비치합니까?"

"일반인이 열람할 수 있게 하기 위해서이며, 법원 경매계에 비치합니다."

| 풀 이 |

집행법원은 경매물건명세서를 작성하면 입찰기일 1주일 전까지 그 사본을 법원에 비치해 일반인이 열람할 수 있도록 해야 합니다.

경매물건명세서는 집행관의 현황조사보고서, 감정인의 감정평가서와 함께 사본을 사건별로 분철한 후 입찰기일 1주일 전부터 경매기일까지 계속 비치합니다. 경매물건명세서 사본은 통상적으로 경매계 사무실에 비치합니다.

경매기일과 경락기일의 지정 및 공고

Q & A 1

"경매기일과 경락기일은 어떤 날이며, 언제 결정합니까?"

"경매기일은 법원이 경매부동산에 대하여 입찰을 실시하는 날이며, 경락기일은 경매기일에 최고가매수신고인이 있을 경우 이해관계인에게 낙찰에 진술을 듣고 경매절차의 적법 여부를 심사해 낙찰허가 또는 낙찰불허가의 결정을 선고하는 날입니다."

| 풀 이 |

집행법원은 채권과 경매비용을 공제하고 잉여가 있음을 인정하거나 압류채권자가 매수신청을 하고 충분한 보증을 제공한 때에는 직권으로 경매기일과 경락기일을 정해 공고합니다.

경매기일의 지정 및 공고는 집행관의 현황조사보고서와 감정인의 감정평가서를 접수한 날로부터 3일 이내에 합니다.

최초의 경매기일은 경매공고일로부터 14일 이후로 정하고, 신경매기일과 재경매기일은 경매공고일로부터 7일 이후로 정하되 장소와 시간을 공고해야 합니다.

경락기일은 경매기일로부터 7일 이내로 정합니다.

법원은 경매기일과 경락기일을 이해관계인에게 통지해야 합니다.

Q & A 2

"경매기일은 어떤 방법으로 공고합니까? 공고문에 기재된 내용에는 어떤 것이 있습니까?"

"법원 게시판과 전국적인 규모의 일간지에 공고합니다."

| 풀 이 |

경매기일과 경락기일의 공고는 공고사항을 기재한 서면을 법원 게시판에 게시해야 합니다.

최초의 경매기일 공고는 그 요지를 신문에 게재하여야 합니다. 그 외의 경매기일도 필요하다고 인정할 때에는 신문에 게재할 수 있습니다.

　신문 공고는 전국적인 규모의 일간지 또는 그 지역에서 발행되는 주요 일간지에 게재합니다. 신문 공고 내용에는 경매할 부동산, 최저경매가격 및 경매의 일시와 장소 등 그 요지만을 기재하면 됩니다.

　경매기일과 공고서에 기재할 사항은 다음과 같습니다.

① 부동산의 표시와 강제집행에 의해 경매하는 취지

② 부동산의 점유자, 점유의 권원, 점유 사용할 수 있는 기간, 차임 또는 보증금의 약정유무와 그 수액

③ 경매의 일시, 장소와 경매할 집행관의 성명 및 최저경매가격

④ 경락의 일시 및 장소 집행기록을 열람할 장소

⑤ 등기부에 기입을 요하지 아니하는 부동산 위에 권리 있는 자의 채권을 신고할 취지 및 이해관계인이 경매기일에 출석할 취지, 그밖에 필요한 사항

Q & A 3

"경매기일의 변경은 언제 하며 어떤 사유가 있을 때 변경됩니까?"

"경매기일의 변경은 예정된 경매기일 전에 그 경매기일을 취소하고 다른 날짜로 경매기일을 정하는 것입니다."

법원양식 4. 각기일 변경 · 연기 신청서

매각기일 변경 · 연기 신청서

사건번호　　타경　　　호

채 권 자

채 무 자

위 사건에 관하여　　.　.　.　:　로 매각기일이 지정되었음을 통지받았는바
사정으로 그 변경(연기)을 요청하오니 조치하여 주시기 바랍니다.

년　　월　　　일

채권자　　　　　(인)

연락처(☎)

지방법원　　　귀중

p.132에서

경매기일의 변경은 당사자의 신청에 의해 변경하는 경우와 법원이 직권으로 변경하는 경우가 있습니다. 경매기일의 변경은 원칙적으로 법원의 재량권에 속하는 사항이므로 당사자가 신청하는 경우에도 모두 받아들여지는 것은 아닙니다.

★ 당사자의 신청에 의해 경매기일을 변경하는 경우로는 원칙적으로 경매신청 채권자가 신청하는 경우에는 이를 허용하고, 채무자나 소유자가 신청하는 경우에는 채권자의 동의를 얻은 경우에 허용합니다.

★ 법원의 직권으로 경매기일을 변경하는 경우는 경매절차의 위법을 발견하거나 경매기일에 경매를 실시할 수 없는 경우 기타 상당한 사유가 있는 경우에는 경매기일을 취소하거나 변경합니다.

변경된 경매기일은 법원 게시판에 공고합니다.

Q & A 4

"경락기일 또한 언제 변경되며, 그 사유가 무엇인가요?"

"경락기일의 변경은 예정된 경락기일을 취소하고 다른 날짜로 경락 기일을 정하는 것입니다. 법원은 경락기일을 열 수 없는 사정이 발생한 경우에 재량으로 이를 변경할 수 있습니다."

경락기일의 변경은 경매기일과 함께 변경할 수도 있고, 경매실시 후에 경락기일만을 변경할 수도 있고, 경락기일을 게시한 후에 변경할 수도 있습니다.

경매기일 종료 후에 경락기일을 변경한 경우에는 이해관계인, 최고가매수신고인, 차 순위 매수신고인에게 변경된 기일을 통지해야 합니다. 변경된 경락기일은 통지하면 되고 공고할 필요는 없습니다.

입찰준비를 하다

경매의 종점, 입찰의 실시

Q & A 1

"언제, 누가 입찰개시 선언을 하며, 이 때 경매 참가자가 검토해야 할 사항은 무엇입니까?"

"집행관은 통상 오전 10시에 입찰의 개시를 선언합니다."

| 풀 이 |

입찰개시는 오전 10시에 선언하는 것이 대부분이지만 경우에 따라서는 오후 1시에 입찰개시를 선언하는 법원도 있습니다.

집행관은 입찰개시를 선언하면서 입찰기록을 열람하도록 허용합니다. 입찰기록의 열람은 통상 1시간 정도로 합니다. 이 때 입찰자들은 자기가 입찰할 물건에 대하여 권리관계, 임대차관계 등 입찰에 필요한 사항을 최종적으로 검토합니다.

집행관은 입찰개시를 선언하면서 입찰표의 기재요령, 차순위매수신고인의 차순위매수신고방법, 경매기일에 공고된 입찰물건 중에서 취하되거나 변경된 물건의 사건번호, 입찰 마감시간 등을 알려줍니다.

"입찰 선언 후에 어떤 과정이 진행되며 입찰자가 해야 할 일은 무엇입니까?"

"과정과 입찰자가 취해야 할 일은 다음과 같습니다."

| 풀 이 |

집행관은 입찰개시를 선언하고 1시간 정도는 입찰자들이 입찰기록을 열람하고 입찰표를 기재하도록 시간을 준 후, 통상 오전 11시 10분 정도에 입찰을 마감합니다.

입찰자들은 집행관이 입찰개시를 선언하면 바로 입찰표의 제출이 가능, 집행관을 보조하는 담당자로부터 입찰표를 수령합니다. 이때 입찰표와 입찰보증금 봉투, 입찰봉투를 함께 수령합니다.

입찰자들은 입찰표를 기재하고 입찰보증금은 입찰보증금 봉투에 넣은 후 입찰표와 입찰보증금 봉투를 황색의 대봉투인 입찰봉투에 넣습니다.

입찰마감 전에 집행관에게 입찰봉투를 제출해 접수증을 수령하고 입찰봉투는 입찰함에 투함합니다.

집행관은 입찰마감 시간이 되면 입찰마감을 선언합니다.

Q & A 3

"입찰마감 이후에 무엇이 진행됩니까?"

"입찰을 마감하면 즉시 입찰봉투를 개찰합니다."

| 풀 이 |

사건별로 입찰봉투를 정리, 최고가입찰자의 입찰보증금과 입찰표 기재 내용을 확인하고 이상이 없으면 최고가매수신고인을 결정합니다.

최고가입찰자가 입찰가격을 기재하지 않은 경우, 입찰가격을 정정한 경우, 입찰가격이 최저입찰가격 미만인 경우, 입찰보증금이 부족한 경우, 한 장의 입찰표에 여러 개의 사건번호나 물건번호를 기재한 경우 등에는 이를 무효로 처리합니다.

최고가입찰자의 입찰표가 무효처리된 경우에는 차순위입찰자의 입찰 봉투를 개봉하여 확인하고 이상이 없으면 이를 최고가매수신고인으로 결정합니다.

최고가입찰자 이외의 입찰자 중에서 최고가입찰가액에서 입찰보증금을 공제한 금액보다 높은 가격으로 응찰한 입찰자는 차순위매수 신고를 할 수 있습니다.

집행관은 최고가매수신고인에게는 입찰보증금에 대한 영수증을 교부하고, 나머지 입찰자들에게는 접수증을 회수하고 신분을 확인한 후에 입찰보증금을 반환합니다.

집행관은 입찰에 대한 모든 절차가 종료되면 입찰종결을 고지하고 경매 조서를 작성합니다.

낙찰허부 결정

Q & A 1

"낙찰허부 결정은 어디에서 하며 어떤 방법으로 합니까?"

"낙찰허부는 결정으로 하고 법정에서 선고합니다."

| 풀 이 |

집행법원은 최고가매수신고인에 대하여 경락기일에 낙찰허가 여부를 최종적으로 결정합니다. 낙찰허부는 결정으로 하고 법정에서 선고합니다.

법원은 경락기일에 출석한 이해관계인으로 하여금 경락에 관한 의견을 진술하게 하여 이해관계인의 낙찰허가에 대한 이의가 이유 없다고 인정하거나 또는 낙찰불허가 사유가 없다고 인정할 때에는 최고가매수신고인에게 낙찰허가결정을 합니다.

　낙찰허가결정은 신고한 때에 고지의 효력이 발생하므로 별도로 송달은 하지 않습니다. 그러나 법원게시판에 공고하여야 하며 특별한 매각조건으로 경락한 때에는 그 조건을 낙찰허가결정에 기재해야 합니다.

| 풀 이 |

　법원은 경락기일에 출석한 이해관계인으로 하여금 경락에 관한 의견을 진술하게 히여 이해관게인의 이의신청을 정당하다고 인정한 때에는 경락을 허가하지 않습니다.

　법원은 민사소송법 제633조에 규정한 사유가 있는 때는 직권으로 경락을 허가하지 않는데, 제1호의 경우에는 경매한 부동산이 양도할 수 없는 것이거나 경매절차를 정지한 때에 한하며, 제2호의 경우에는 능력 또는 자격의 흠결이 제거되지 않을 때, 제4호의 경우에는 이해관계인이 절차의 속행을 승인하지 않는 경우에 한합니다.

매수가격의 신고 후에 천재지변 기타 자기가 책임을 질 수 없는 사유로 인하여 부동산이 훼손된 때에는 최고가매수인은 경락불허가 신청을, 경락인은 대금을 납부할 때까지 경락허가결정의 최고신청을 할 수 있습니다. 다만, 부동산의 훼손이 경미한 때는 그렇지 않습니다.

법원은 '경락허가에 대한 이의사유' 와 '경락의 불허사유' 의 규정에 의하여 경락을 허가하지 않고 다시 경매를 명하는 때에는 직권으로 신경매기일을 정해야 합니다.

신경매기일은 공고일로부터 7일 이후로 정해야 합니다.

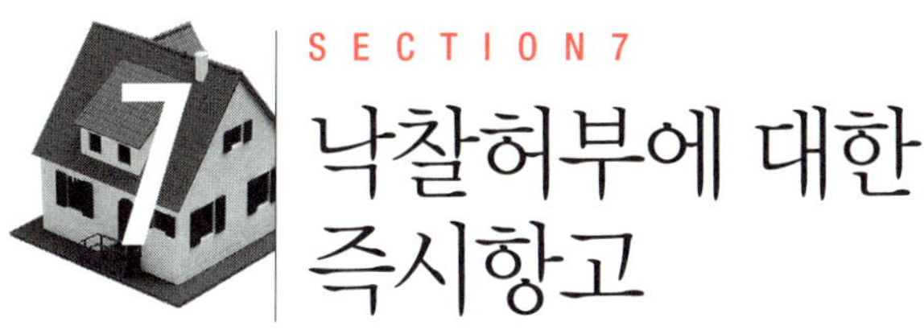

낙찰허부에 대한 즉시항고

Q & A 1

"즉시항고를 제기할 수 있는 사람은 누구이며, 어떤 경우에 즉시 항고를 할 수 있습니까?"

"경락인, 채무자, 소유자, 임차인, 근저당권자 등 이해관계인은 경락허부의 결정에 의하여 손해를 받을 경우에는 그 결정에 대해 즉시항고를 제기할 수 있습니다."

| 풀 이 |

경락허가의 이유가 없거나 결정에 기재한 이외의 조건으로 허가할 것임을 주장하는 경락인 또는 경락허가를 주장하는 매수신고인도 즉시항고를 제기할 수 있습니다.

경락허가결정에 대한 항고는 민사소송법에서 규정한 경락허가에 대한 이의원인이 있음을 이유로 하거나 경락허가결정이 경락조서의 취지에 저

촉된 것을 이유로 하는 때에 한해 제기할 수 있습니다.

경락불허가결정에 대한 항고는 민사소송법에서 규정한 모든 불허가 원인이 없음을 이유로 하는 때에 한해 제기할 수 있습니다.

채무자나 소유자 또는 경락인이 경락허가결정에 대하여 항고를 제기할 때는 보증으로 경락대금의 10분의 1에 해당하는 현금 또는 법원이 인정한 유가증권을 공탁해야 합니다.

Q & A 2

"즉시항고를 제기할 수 있는 기간은 어느 정도입니까?"

"즉시항고는 경락허부결정이 선고된 후 1주일 내에 제기해야 합니다. 항고인은 항고장을 원심법원에 제출합니다."

| 풀 이 |

항고장에 항고이유를 적지 아니한 때에는 항고인은 항고장을 제출한 날부터 10일 이내에 항고이유서를 원심법원에 제출해야 합니다.

항고인이 항고이유서를 제출하지 않거나 또는 항고가 부적법하고 이를 보정할 수 없음이 분명한 때에는 원심법원은 결정으로 그 즉시항고를 각하해야 합니다.

채무자나 소유자 또는 경락인이 항고장을 제출할 때 경락대금의 10분의 1에 해당하는 보증제공증명서를 첨부하지 않은 경우, 원심법원은 그 항고장을 접수한 날로부터 7일 이내에 결정으로 항고장을 각하해야 합니다.

"즉시항고를 했는데 기각이 되었습니다. 보증금은 어떻게 처리됩니까?"

"보증금은 반환을 받지 못합니다."

| 풀 이 |

채무자 또는 소유자가 제기한 즉시항고가 기각된 때에는 항고인은 보증금으로 제공한 금전이나 유가증권의 반환을 청구하지 못합니다. 이 경우 보증금은 배당재단에 편입되어 배당의 대상이 됩니다.

경락인이 제기한 즉시항고가 기각된 때에는 항고인은 보증으로 제공한 금전이나 유가증권의 환가금액중 항고를 한 날부터 항고기각 결정이 확정된 날까지의 경락대금에 대한 대통령령이 정하는 이율에 의한 금액에 대해서는 반환을 청구하지 못합니다. 이 경우 경락대금에 대한 이자가 보증으로 제공한 금전이나 유가 증권의 환가금액을 초과하는 경우 보증으로 제공한 금전이나 유가증권의 환가금액을 반환청구하지 못합니다. 다만 보증으로 제공한 유가증권이 환가되기 전에 위의 금액을 항고인이 지급한 경우 그 유가증권의 반환을 청구할 수 있습니다.

Q & A 4

| 풀 이 |

항고법원은 경락허가결정에 대한 항고가 이유 있는 경우에는 원심결정을 취소하고 경락불허결정을 해야 합니다.

항고법원은 경락불허가결정에 대한 항고가 이유 있고 경락을 불허할 다른 이유가 없는 때에는 원심결정을 취소하고 경락허가결정을 해야 합니다.

항고법원은 필요한 경우에는 반대진술을 하게 하기 위해 항고인의 상대방을 정할 수 있습니다.

1개의 결정에 관한 여러 개의 항고는 병합합니다.

| 풀 이 |

항고심에서 항고를 기각한 경우에는 그 결과를 항고인에게 고지해야 합니다.

집행법원의 결정을 변경하거나 파기한 경우에는 항고인의 상대방은 물론 그 결정에 대하여 항고권이 있는 이해관계인 모두에게 고지해야 합니다.

집행법원의 결정을 변경하거나 파기한 항고법원의 재판은 집행법원이 법원게시판에 공고해야 합니다.

경락대금 납부

Q & A 1

"경락대금을 지급하려고 하는데 언제까지 어디에 지불해야 합니까?"

"경락허가결정이 확정된 날 또는 상소법원으로부터 상소기록을 수령한 날로부터 3일 이내에 대금지급기일을 통지해 줍니다. 지급 기일 내에 지불해야 합니다."

| 풀 이 |

집행법원은 경락허가결정이 확정된 날 또는 상소법원으로부터 상소 기록을 수령한 날로부터 1개월 이내로 대금지급기일을 정하여 경락인과 차순위 매수신고인을 소환해야 합니다.

집행법원은 경락허가결정이 확정된 날 또는 상소법원으로부터 상소기록을 수령한 날로부터 3일 이내에 경락인과 차순위매수신고인에게 대금지급기일을 통지합니다.

경락인은 대금지급기일에 경락대금을 납부해야 합니다. 이 때에 납부할 금액은 경락인이 입찰표에 기재한 입찰가격에서 입찰보증금을 공제한 금액입니다.

법원양식 5. 대금지급기일 소환장

○ ○ 법 원
대금지급기일소환장

귀하

사 건　　타경　　　　부동산강제(임의)경매
채권자
채무자
경락인 · 낙찰자
차순위매수 · 입찰신고인

대금지급기일　　.　.　.　:
위와 같이 대금지급기일이 지정되었으니 이 법원에 출석하시기 바랍니다.

년　월　일
법원주사　　　(인)

매각대금완납증명원

	수입인지 5,000원

사 건 타경 호
채 권 자
채 무 자
소 유 자
매 수 인
위 사건의 별지목록기재 부동산을 금   원에 낙찰받아 .   .   . 에
대금전액을 납부하였음을 증명하여 주시기 바랍니다.

년   월   일

매수인   (인)
연락처(☎)

지방법원   귀중

Q & A 2

"대금완납을 했을 때 그 효력은 무엇입니까?"

"경락인은 경락대금을 완납한 때에 목적부동산의 소유권을
취득합니다."

대금납부의 효력은 대금지급기일에 경락대금을 완납한 때에 발생하는 것이므로 경락인의 대금지급기일 전에 경락대금을 납부해도 대금납부의 효력은 대금지급기일이 경과한 때에 발생합니다.

차순위매수신고인은 경락인이 대금을 지급함으로써 매수의 책임을 면하고 즉시 보증금의 반환을 청구할 수 있습니다.

Q & A 3

"차순위 매수신고인이 되었을 때 이에 대한 경락허부는 어떻게 결정되나요?"

"경락인이 대금지급기일에 그 의무를 이행하지 않을 때는 차순위매수신고인에 대한 경락허부를 결정해야 합니다."

차순위 매수신고인이 되어 있는 경우에 경락인이 대금지급기일에 그 의무를 이행하지 않을 때는 차순위매수신고인에 대한 경락허부를 결정해야 합니다.

차순위매수신고인에 대한 경락허가결정이 있는 때에는 경락인은 매수의 보증으로 보관하게 한 금전이나 유가증권의 반환을 청구하지 못합니다.

| 풀 이 |

경락인이 대금지급기일에 대금지급의무를 완전히 이행하지 않고 차순위매수신고인이 없는 때에는 법원은 직권으로 부동산의 재경매를 명해야 합니다.

재경매의 경우 종전에 정한 최저경매가격 기타의 매각조건은 재경매절차에도 적용됩니다.

재경매기일은 공고일로부터 7일 이후로 정해야 합니다.

경락인이 재경매기일의 3일 전까지 경락대금, 지연이자와 경매절차 비용을 지급한 때에는 재경매절차를 취소해야 합니다. 만일 차순위매수신고인이 법원으로부터 경락허가결정을 받았을 경우에는 위 금액을 먼저 지급한 경락인이 매매목적물의 권리를 취득합니다.

　재경매의 경우 전경락인은 경매에 참가하지 못하며 매수의 보증으로 보관하게 한 금전이나 유가증권의 반환을 청구하지 못합니다. 이 경우 보증금은 배당재단에 편입되어 배당의 대상이 됩니다.

소유권이전등기의 촉탁

Q & A 1

"경락인이 소유권이전등기 촉탁을 신청하려고 하는데 필요한 서류는 무엇입니까?"

"소유권이전등기의 촉탁서류는 다음과 같습니다."

| 풀 이 |

1. 주민등록등본 1통

2. 등록세영수필통지서 및 영수필확인서

3. 국민주택채권매입필증

4. 경락허가결정 등본 1통

5. 토지대장, 건축물관리대장 1통

6. 기타 필요서류

Q & A 2

"소유권이전등기신청을 했을 때 법원이 등기에 촉탁하는 내용이 무엇입니까?"

"법원은 경락인이 경락대금을 완납하고 소유권이전등기의 촉탁신청이 있으면 경락허가결정 등본을 첨부하여 다음 각 호의 등기를 촉탁하여야 합니다."

> 첫째, 경락인의 소유권이전등기
>
> 둘째, 경락인이 인수하지 않은 부동산 위의 부담의 기입의 말소등기
>
> 셋째, 경매신청등기의 말소등기

| 풀 이 |

소유권이전등기의 촉탁은 경락인으로부터 소유권이전등기의 촉탁신청 후 2일 이내에 관할등기소에 합니다.

소유권이전등기와 말소등기에 관한 비용은 경락인이 부담합니다.

법원은 경락인이 경락대금을 완납하고 소유권이전등기의 촉탁 신청이 있으면 배달실시 전이라도 이를 촉탁해야 합니다.

"경락인이 사망했을 경우에 어떻게 촉탁합니까?"

"상속인이 경락대금을 납부하고 상속을 증명하는 호적등본이나 제적등본 등의 서류를 첨부하여 소유권이전등기를 촉탁 신청합니다."

| 풀 이 |

이 경우 법원은 상속인을 등기권리자로 하여 소유권이전등기를 촉탁합니다.

경매신청기입등기 전에 소유권이전등기를 받은 제3취득자가 경락인이 된 경우는 다음의 등기를 촉탁합니다.

1. 경매신청등기의 말소등기

2. 경락인이 인수하지 아니한 부동산 위의 부담의 기입의 말소등기 경락을 원인으로 한 소유권이전등기를 촉탁합니다.

3. 즉 경매신청기입등기 전에 등기한 제3취득자 명의의 소유권의 전등기는 말소하지 않습니다.

경매신청가입등기 후에 소유권이전등기를 받은 제3취득자가 경락인이 된 경우는 다음의 등기를 촉탁합니다.

1. 경매신청등기의 말소등기

2. 경락인이 인수하지 않은 부동산 위의 부담의 기입의 말소등기

3. 제3취득자 명의의 소유권이전등기의 말소등기

4. 경락을 원인으로 한 소유권이전등기를 촉탁합니다.

Q & A 4

"말소되는 등기는 어떤 것이며, 말소되지 않는 등기의 내용은 무엇입니까?"

"경락인의 경락대금 완납으로 경매신청등기와 경락인이 인수하지 않은 부동산 위의 부담의 기입등기는 말소됩니다. 그러나 경락인에게 대항할 수 있는 권리는 말소되지 않습니다."

| 풀 이 |

등기 종류별로 살펴보면 다음과 같습니다.

| 경매신청기입등기 |

경매신청기입등기는 경락대금 완납으로 말소촉탁의 대상이 되어 말소됩니다.

| 저당권 |

저당권은 경락대금 완납으로 말소됩니다. 즉 경매신청기입등기보다 후순위인 경우 당연히 말소되며 경매신청기입등기보다 선순위라도 무조건 말소됩니다.

| 지상권, 지역권, 전세권 |

경매신청기입등기 후에 등기된 용익물권은 말소됩니다.

경매신청기입등기 전에 등기된 용익물권이라도 선수위저당권이 있는 경우에는 경락에 의해 말소됩니다.

경매신청기입등기 전에 등기된 용익물권으로 선순위저당권이 없는 경우에는 경락인에게 대항할 수 있으므로 경락에 의해 말소되지 않습니다.

전세권은 경매신청기입등기 전에 등기된 최선순위 전세권일 경우라도 존속기간에 정함이 없거나 경매신청기입등기로부터 6개월 이내에 전세기간이 만료하는 것은 말소됩니다.

| 가압류등기 |

경매신청기입등기 후에 등기된 가압류는 가압류채권자가 경락인에게 대항할 수 없으므로 경락에 의해 말소됩니다.

경매신청기입등기 전에 등기된 가압류는 가압류채권자가 매각대금으로부터 배당을 받을 수 있으므로 그 가압류등기는 말소되는 것이 원칙입니다.

경매신청기입등기 전에 등기된 가압류로서 가압류등기 후에 목적부동산의 소유권이 이전되어 현소유자의 채권자가 경매신청을 하여 경락된 경우에는 전소유자에 대한 가압류채권자는 매각대금으로부터 배당을 받을 수 없으므로 그 가압류등기는 말소되지 않습니다.

| 가처분등기 |

경매신청기입등기 후에 등기된 가처분은 가처분권자가 경락인에게 대항할 수 없으므로 경락에 의해 말소됩니다.

경매신청기입등기 전에 등기된 가처분이라도 경락에 의하여 말소되는 선순위의 저당권, 가압류등기가 되어 있는 경우에는 말소됩니다.

경매신청기입등기 전에 등기된 가처분으로 경락에 의하여 말소되는 선순위의 저당권 등이 없는 경우에는 경락인에게 대항할 수 있으므로 경락에 의해 말소되지 않습니다.

| 가등기 |

담보가등기는 경락대금 완납으로 말소됩니다. 즉 경매신청기입등기보다 후순위인 경우 당연히 말소되며 경매신청기입등기보다 선순위라도 무조건 말소됩니다.

순위보전을 위한 가등기는 경매신청기입등기 후에 등기된 경우 경락인에게 대항할 수 없으므로 경락에 의해 말소됩니다.

순위보전을 위한 가등기가 경매신청기입등기 전에 등기된 경우라도 경락에 의하여 말소되는 선순위의 저당권, 가압류등기가 되어 있는 경우에는 말소됩니다.

순위보전을 위한 가등기가 경매신청기입등기 전에 등기된 경우에 경락에 의하여 말소되는 선수위의 저당권, 가압류등기가 없는 경우에는 경락에 의해 말소되지 않습니다.

| 체납처분에 의한 압류등기 |

체납처분에 의한 국세나 지방세의 압류등기는 매각대금으로부터 배당을 받을 수 있으므로 경락대금 완납으로 말소됩니다. 즉 경매신청기입등기보다 후순위인 경우 당연히 말소되며 경매신청기입등기보다 선순위라도 말소됩니다..

임차권의 효력이 경매신청기입등기 후에 발생하는 경우에는 경락인에게 대항할 수 없으므로 등기된 임차권은 경락에 의해 말소되며 임차주택에 거주하고 있는 임차인은 주택을 경락인에게 명도해 주어야 합니다.

임차권의 효력이 경매신청기입등기 전에 발생하는 경우라도 경락에 의하여 말소되는 선순위의 저당권, 가압류등기가 되어 있는 경우에는 경락인에게 대항할 수 없습니다. 따라서 등기된 임차권은 경락에 의해 말소되며, 임차주택에 거주하고 있는 임차인은 주택을 경락인에게 명도해 주어야 합니다.

임차권의 효력이 경매신청기입등기 전에 발생하는 경우에 경락에 의하여 말소되는 선순위의 저당권, 가압류등기가 없는 경우에는 경락인에게 대항할 수 있다. 이 경우 임차권등기를 한 임차인이 경락에 의하여 임차보증금을 전액반환 받을 경우에는 그 임차권등기는 말소되지만 임차권자가 임차보증금을 전액반환 받지 못할 경우에는 임차보증금을 전액반환 받을 때까지 임대차관계의 존속을 주장할 수 있습니다.

| 예고등기 |

예고등기는 물권변동의 효력이나 권리에 대한 공시를 목적으로 하는 등

기가 아니므로 선순위의 저당권이나 가압류등기가 있더라도 경락에 의해

말소되지 않습니다.

법원양식 6. 부동산 인도 명령신청서

부동산인도명령 신청

사건번호

신청인(매수인)　　○ ○ ○

　　　　　　　　　　○시 ○구 ○동 ○번지

피신청인(임차인)　○ ○ ○

　　　　　　　　　　○시 ○구 ○동 ○번지

위 사건에 관하여 매수인은　　　.　.　.에 낙찰대금을 완납한 후 채무자(소유자, 부동산점유자)에게 별지 매수부동산의 인도를 청구하였으나 채무자가 불응하고 있으므로, 귀원 소속 집행관으로 하여금 채무자의 위 부동산에 대한 점유를 풀고 이를 매수인에게 인도하도록 하는 명령을 발령하여 주시기 바랍니다.

년　　월　　일

매 수 인　　　　　(인)

연락처(☎)

지방법원　　　　귀중

부동산 인도명령

Q & A 1

"경락을 받았는데 그 건물을 점유하고 있는 사람이 거부합니다. 이때 어떻게 해야 하나요?"

"법원에 인도 명령을 신청할 수 있습니다."

| 풀 이 |

경락인은 경락대금을 완납하면 목적부동산의 소유권을 취득합니다. 하지만 채무자나 소유자 또는 압류의 효력이 발생한 후에 점유를 시작한 점유자가 목적부동산의 인도를 거부할 경우 경락인은 집행법원에 인도명령을 신청할 수 있습니다.

경락인의 인도명령 신청은 경락대금을 완납한 후 6개월 내에 집행법원에 제기해야 합니다. 만약 경락대금 완납으로부터 6개월을 경과한 후에는 인도 또는 명도소송에 의해야만 합니다.

"법원은 인도명령 신청을 받은 후에 어떤 조치를 취하나요?"

"부동산점유자에게 부동산을 경락인에게 인도하라고 명령합니다."

| 풀 이 |

법원은 경락대금을 납부한 후 6개월 내에 경락인의 신청이 있는 때에는 채무자, 소유자 또는 압류의 효력이 발생한 후에 점유를 시작한 부동산 점유자에 대하여 부동산을 경락인에게 인도할 것을 명할 수 있습니다.

법원은 인도명령의 사유가 소명되면 인도명령을 발합니다. 만약 인도명령 신청이 부적법하면 신청을 각하하고, 신청이 이유 없다고 인정되면 신청을 기각합니다.

채무자, 소유자 이외의 자에 대하여 인도명령을 함에는 그 점유자를 심문해야 합니다. 이 경우 심문기일을 정하여 소환장을 송달하고 심문기일에 점유자가 심문에 응하지 않을 경우에는 진술을 듣지 않고서도 인도명령을 발할 수 있습니다.

| 풀 이 |

유치권자의 압류의 효력이 발생한 후에 점유를 시작한 점유자라도 경락인에게 대항할 수 있는 권원을 가진 점유자는 인도명령의 상대방이 될 수 없습니다.

p.164에서

"점유자가 인도명령을 응하지 않을 때는 어떻게 해야 합니까?"

"인도명령의 상대방이 인도명령에 응하지 않을 때는 신청인은 집행관에게 위임해 집행관으로 하여금 인도 집행을 하도록 합니다."

| 풀 이 |

인도명령의 신청에 대한 재판에 대하여는 즉시항고 할 수 있습니다. 상대방이 인도명령에 대해 즉시항고를 제기한 경우에는 집행정지명령을 받아서 이를 집행관에게 제출하여 그 집행을 정지할 수 있습니다.

부동산 경매

경매에 가장 중요한 핵심
부동산 권리분석

권리분석은 왜 하나요?

Q & A 1

"권리분석이 무엇보다 중요하다고 하는데, 권리분석이란 무엇을 의미합니까?"

"부동산 권리분석이란 대상부동산에 대한 권리관계의 상태와 양상을 실질적으로 조사, 확인, 판단하여 일련의 부동산거래를 안전하게 하려는 부동산활동의 하나입니다."

| 풀 이 |

부동산거래활동에서는 먼저 부동산 권리관계의 하자유무에 대한 판단이 요구되며 이를 위한 것이 부동산 권리분석활동인 바, 특히 부동산경매에서 부동산거래사고를 미연에 방지하고 안전하게 부동산을 취득하려는 입찰자에게 있어 권리분석은 매우 중요합니다.

"권리분석을 왜 해야 하는가요?"

"불의의 손해를 보지 않기 위해서입니다."

| 풀 이 |

부동산에는 부동산사법 외에 부동산공법상의 규제가 많이 있기 때문에 이러한 것을 잘 모르고 부동산경매에 참가했다가 불의의 손해를 보는 경우가 있습니다. 최근 부동산경매가 일반매매보다 저렴한 가격으로 부동산을 취득할 수 있다는 인식이 확산되면서 부동산경매에 관심이 있는 입찰자들이 부동산상에 있는 권리분석을 제대로 하지 않아 손해를 보고 낙찰을 포기하는 경우가 종종 있습니다.

따라서 경매에 입찰하고자 하는 참가자는 대상 부동산에 대한 권리관계를 정확히 분석해야 불의의 손해를 보지 않기 때문입니다.

"권리분석을 제대로 하지 않았을 때 일어날 수 있는 가능성은 어떤 것이 있나요?"

"불의의 손해를 보게 되고 중도에 포기하는 사태가 벌어집니다."

| 풀 이 |

주택의 경우 주택임대차보호법이 적용되기 때문에 최초의 저당권 설정보다 앞선 선순위임차인이 있을 경우 그 보증금을 물어주어야 하므로, 잘못 입찰에 참가하면 일반 매매시세보다 더 비싼 가격을 지불하여야 하거나 입찰보증금을 포기하는 경우가 있습니다.

상가건물의 경우에도 상가임대차보호법이 제정되어 일정부분 임차인을 보호하기 때문에 선순위임차인의 대항력 여부를 분석해야 합니다. 임야의 경우 공부상의 면적과 실제면적이 일치하는지 여부, 개발이 목적일 경우 개발이 가능한지 여부를 파악해야 하며, 임야대장과 임야도 그리고 토지이용 계획 확인원과 등기부등본 등을 확인해야 합니다.

농지의 경우 농지취득자격증명을 받지 못하면 경락이 되지 않으므로 해당 농지 소재지의 읍·면사무소에서 이를 반드시 확인해야 합니다.

권리분석의 분류

Q & A 1

"권리분석의 종류에는 어떤 것이 있나요?"

"부동산 권리분석은 기준에 따라 여러 가지로 분류될 수 있으나, 여기서는 권리관계의 광·협에 따라 협의의 권리분석, 광의의 권리분석, 최광의의 권리분석으로 구분하여 살펴보고자 합니다."

Q & A 2

"협의의 권리분석에는 어떤 것이 있나요?"

"협의의 권리분석이란 협의의 권리관계를 대상으로 하는 권리분석 작업을 말합니다."

협의의 권리관계란 부동산등기법에 의하여 등기할 수 있는 권리관계로서 일반적으로 부동산에 관하여 그 소유권의 취득이나 양도, 전세권의 설정, 저당권의 설정이나 소멸 등 물권의 득실변경은 등기하지 않으면 효력이 생기지 않음을 명시하고 있습니다.

부동산등기법 제2조에는 등기할 사항을 다음과 같이 명시하고 있습니다.

즉 구분물건의 표시와 다음에 표기한 권리의 설정, 보존, 이전, 변경, 처분의 제한 또는 소멸에 관하여 이를 등기합니다. 즉 소유권·지상권·지역권·전세권·저당권·권리질권·임차권 등을 등기합니다.

부동산등기법 제2조는 등기를 필요로 하는 권리와 이러한 권리의 득실변경에 대한 물권변동의 효력발생은 등기를 해야 함을 명시적으로 표시한 데 의의가 있습니다.

Q & A 3

"광의의 권리분석에는 어떤 것이 있나요?"

"부동산의 법률적 가치를 분석하는 것을 의미합니다."

| 풀 이 |

부동산활동이 다양해지고 토지이용 등의 규제관계가 복잡해짐으로 협의의 권리분석만으로는 부동산활동에서 안전성을 기대할 수 없으므로 넓은 의미의 권리관계에 부응하는 광의의 권리분석이 필요합니다.

광의의 권리관계는 협의의 권리관계에 부동산 법률적 가치를 포함한 것을 말합니다. 부동산의 법률적 가치로는 용도지역제나 건축법상의 용적률, 건폐율 등과 같이 대상 부동산을 실질적으로 어느 용도에 어느 범위까지 이용할 수 있는가에 대한 권리관계를 말합니다.

Q & A 4

"최광의의 권리분석에는 어떤 것이 있나요?"

"최광의의 권리분석은 협의의 권리분석이나 광의의 권리분석으로 밝힐 수 없는 최광의의 권리관계에 따른 권리분석을 말합니다."

| 풀 이 |

최광의의 관리관계는 협의의 권리관계와 광의의 권리관계를 포함하여 등기능력없는 권리관계, 등기를 요하지 않는 권리관계, 부동산의 상태 또

는 사실관계 등을 말합니다.

　현행 부동산등기법은 등기의 공신력을 인정하지 않기 때문에 등기를 믿고 거래한 상대방은 불의의 손해를 입을 수가 있고, 또한 부동산 권리에는 등기를 하지 않아도 인정되는 관습법상의 권리가 인정되므로 협의의 권리분석이나 광의의 권리분석만으로는 대상 부동산에 대하여 안전하고 완전한 권리분석을 하였다고 할 수가 없습니다. 따라서 보다 상세하고 안전한 높은 수준의 권리분석이 요구되며, 최광의의 권리분석은 바로 이러한 대상 부동산에 관련된 최종적, 종합적 권리분석 작업입니다.

　최광의의 권리분석에서 다루는 등기능력없는 권리관계란 유치권, 점유권 등과 같이 등기능력을 갖추지 않는 권리관계를 말하며, 부동산의 상태 또는 사실관계란 도로관계, 세금관계, 면적 등의 표시관계와 대상 부동산의 공·사법상 적합성 여부, 분묘기지권의 존립여부 등을 말합니다. 이러한 권리는 대상 부동산의 상태 또는 사실관계를 분석하여야 합니다.

"경매 초보자로서 가장 어려움을 겪는 것이 권리분석입니다. 쉽게 접근하는 방법은 없습니까?"

"예, 있습니다. 경매로 인해 소멸되는 기준 권리 4개만 알면 쉽게 접근할 수 있습니다. 간단히 말해서 등기부등본상의 기준권리보다 기일이 앞서 있는 권리는 인수하고 나머지는 인수하면 안된다고 보면 됩니다."

| 풀 이 |

경매로 인해 소멸되는 4가지 기준 권리란 근저당권·저당권, 담보가등기, 가압류·압류, 경매개시결정등기를 말합니다. 다만 예외적으로 부동산에 걸려 있는 소송 등 법적 분쟁에 대해 알려주는 예고등기는 기일에 상관없이 효력이 사라지지 않습니다.

주의할 것은 유치권, 법정지상권, 분묘기지권, 특수지역권 등 5가지는 등기부등본에는 나타나지 않으므로 주의할 필요가 있습니다.

권리간의 우선순위

Q & A 1

"부동산 경매에서 권리란 어떤 권리를 말합니까?"

"채권자들이 법원으로부터 배당금을 받는 권리를 말합니다."

경매에 가장 중요한 핵심 부동산 권리분석

| 풀 이 |

부동산경매에서 경락인이 대금지급기일에 경락대금을 완납하면 법원은 배당기일을 지정하여 권리신고를 한 채권자 등에게 배당을 하게 됩니다. 부동산경매와 관련된 권리에는 물권과 채권이 있는데 이들 권리가 충돌할 경우 권리간에 우선순위에 따라 배당이 이루어집니다.

| 풀 이 |

법정물권은 민법 제2편 물권법에 점유권, 소유권, 지상권, 지역권, 전세권, 유치권, 질권, 저당권의 8가지로 한정하고 있으며, 관습법상 물권에는 판례에 의하여 확인되는 분묘기지권과 관습법상 법정지상권이 있습니다.

부동산 경매

| 풀 이 |

어떠한 물건 위에 물권과 채권이 경합하는 경우에는 그 성립된 순서와

는 관계없이 물권이 채권에 우선합니다. 왜냐하면 물권은 물건에 대한 직접적인 지배권임에 대하여, 채권은 채무자의 행위를 통하여 간접으로 지배를 미치는 권리라는 성격상의 차이가 있기 때문입니다.

한편 동일물에 성립한 물권 상호간에는 시간적으로 먼저 성립한 물권이 후에 성립한 물권에 우선합니다.

채권이라도 일정한 공시방법을 갖출 경우 물권과 같은 대항력을 가지게 됩니다. 예를 들면 부동산임차권의 등기, 주택임대차보호법상의 주택의 인도와 주민등록전입, 소유권이전청구권의 보전을 위한 가등기 등을 갖춘 때에는 물권화된 권리로서 물권과 동일하게 공시일을 기준으로 우선순위를 판단하게 됩니다.

Q & A 4

민법 제408조는 '분할채권관계'를 규정하고 있습니다. 즉 "채권자나 채무자가 수인인 경우에 특별한 의사표시가 없으면 각 채권자 또는 각 채무자는 균등한 비율로 권리가 있고 의무를 부담한다."라고 규정하고 있습니다.

부동산경매에서 경락대금을 배당할 때는 우선변제권이 있는 물권을 배당하고, 남은 금액이 있을 경우 채권자들에게 채권금액에 비례하여 공평하게 배당하게 됩니다. 즉 민법은 채권끼리는 우선순위가 없이 평등하게 취급하고 있습니다.

경락인이 인수하는 권리와 소멸되는 권리

"경락인이 대상 부동산을 안전하게 취득하는 경우가 있고, 그렇지 못한 경우가 있다고 하는데 그 이유는 무엇입니까?"

"물적 부담을 어떻게 처리하느냐에 따라 달라집니다."

| 풀 이 |

부동산 경매에서 경락인이 대금을 완납하면 부동산 소유권은 경락인에게 이전됩니다. 이 때에 대상 부동산상에 있는 물적 부담을 어떻게 처리하는가에 따라 경락인은 안전하게 부동산을 취득할 수도 있고, 불완전한 상태에서 부담을 안은 채로 부동산을 취득할 수도 있습니다.

이와 같이 경매부동산의 소유권이 경락인에게 이전될 때에 있는 각 권리들의 부담을 처리하는 방법에는 두 가지 입장이 있습니다. 즉 경락인이 인수하는 권리와 소멸되는 권리입니다.

| 풀 이 |

경락인이 인수하는 권리들은 경락이 되더라도 경락자가 그 물적 부담을 안아야 하므로 경락인은 경매 입찰시에 인수금액 만큼의 금액을 차감하여 경락을 받아야 합니다. 그렇지 않으면 시세보다 비싼 금액으로 경매부동산을 취득하거나 입찰을 포기하는 손해를 감수해야 합니다.

예를 들면 최고 순위의 저당권등기보다 빠르고 경매개시결정등기보다 빠른 권리들은 경락인에게 그대로 인수됩니다.

인수주의에 해당하는 권리에는 다음과 같은 것들이 있습니다.

★ 최고 순위의 담보물권보다 먼저 설정된 다음의 권리를 말합니다

전세권·지역권·지상권·임차권·주택의 인도와 전입신고를 마친 임

차권·가등기·가처분등기·환매등기

★ 경매개시결정등기보다 먼저 설정된 다음의 권리

전세권·지역권·지상권·임차권 주택의 인도와 전입신고를 마친 임차

인·가등기·가처분등기·환매등기

★ 유치권

Q & A 3

"경락으로 소멸되는 권리로는 어떤 것이 있습니까?"

"최고 순위의 저당권보다 뒤에 설정된 권리 등입니다."

| 풀 이 |

경락으로 인해 소멸되는 권리들은 부동산의 매각대금에서 배당으로 해

결되고 말소촉탁의 대상이 됨으로 경락인은 안전하게 부동산 소유권을

취득하게 됩니다.

예를 들면 최고순위의 저당권보다 뒤에 설정된 전세권이나 기타 용익물권은 경락으로 인해 소멸됩니다.

소멸주의에 해당하는 권리에는 다음과 같은 것들이 있습니다.

★ 저당권 : 가압류등기와 압류등기

★ 최고순위의 담보물권보다 늦게 설정된 다음의 권리
전세권 · 지역권 · 지상권 · 임차권 · 주택의 인도와 전입신고를 마친 임차인 가등기 · 가처분등기 · 환매등기

★ 가압류등기보다 늦게 설정된 다음의 권리
전세권 · 지역권 · 지상권 · 임차권 · 주택의 인도와 전입신고를 마친 임차인 가등기 · 가처분등기 · 환매등기

★ 경매개시결정등기보다 늦게 설정된 다음의 권리
전세권 지역권 · 지상권 · 임차권 · 주택의 인도와 전입신고를 마친 임차인 가등기 · 가처분등기 · 환매등기

★ 전세권으로 기한의 약정이 없거나 경매개시결정등기로부터 6개월 이내에 그 기간이 만료되는 전세권

말소기준 권리 찾기

Q & A 1

"말소기준 권리란 무엇을 말합니까?"

"말소기준권리는 경매대상 부동산을 낙찰 받은 사람이 소유이전 등기를 할 때 말소의 인수기준이 되는 권리를 말합니다."

│ 풀 이 │

말소기준 권리가 될 수 있는 것은 4가지 즉 경매개시결정기입등기, 근저당, 가압류 담보등기 등입니다. 일단 등기부에 나타난 말소기준권리가 될 수 있는 권리들 중 시간적으로 가장 앞서는 권리가 그 경매사건의 말소기준권리입니다.

경매의 함정, 대위변제

Q & A 1

"대위변제란 무엇을 말합니까?"

"대위변제란 제3자 또는 공동채무자중에서 1명이 채무자의
채무를 대위하여 변제하는 것을 말합니다."

| 풀 이 |

이 경우 그 변제자는 채무자 또는 다른 채무자에 대하여 구상권을 취득

하게 되는데 변제자는 구상권의 범위내에서 이에 수반되는 권리를 채권

자에 갈음하여 행사할 수 있습니다.

대위변제를 하기 위해서는 채권자의 승낙을 얻거나 변제를 함에 있어서

정당한 이익을 가져야 함을 요합니다. 대위변제는 제3자 변제를 확실히 하기 위한 방법입니다.

"제3자 변제란 무엇을 말합니까?"

"제3자가 타인의 채무를 변제하는 것을 말합니다."

| 풀 이 |

민법상 제3자 변제는 원칙적으로 인정됩니다. 그러나 그 채무의 성질상 일신전속적이어서 제3자 변제를 허용하지 않는 것이나 당사자가 반대의 사를 표시한 경우에는 제3자 변제가 허용되지 않습니다.

제3자 변제자는 채무자 또는 다른 채무자에 대하여 구상권을 취득하게 되는데 변제자는 구상권의 범위 내에서 이에 수반되는 권리를 채권자에 갈음하여 행사할 수 있습니다.

"경매절차에서 대위변제를 하는 유형으로는 어떤 것이 있습니까?"

"대위변제를 하는 유형으로는 다음과 같은 것이 있습니다."

| 풀 이 |

1 경매신청채권의 대위변제

이는 채무자 아닌 이해관계가 있는 제3자가 채무자를 대위하여 경매신청채권상의 청구금액과 절차비용을 변제 또는 변제공탁하고 경매절차의 취소를 구하는 것을 말합니다.

2 선순위 담보물권이나 가압류의 대위변제

이는 경매대상 부동산의 이해관계 있는 후순위권리자가 선순위인 담보물권의 피담보채무나 가압류의 비포전채무를 대위변제하는 것을 말합니다.

경매절차에서 담보물권이나 가압류등기는 경락에 의해 말소됩니다. 이 경우 후순위 주택임차인 등은 경락자에게 대항력을 주장할 수 없게 됩니다. 따라서 후순위권리자가 선순위 담보물권이나 가압류의 채무를 대위변제하여 그 선순위의 등기를 말소함으로 순위상승을 하게 되는 경우에 대위변제를 하는 경우가 많습니다.

후순위 주택임차인 등은 채무자를 대위하여 채무를 변제하고 이를 원인으로 하여 선순위 저당권등기나 가압류등기의 말소를 신청합니다. 그 후 그 말소된 등기부등본을 경매법원에 제출해야 임차인 등 후순위권리자는 순위상승의 효력을 얻게 되어 대항력을 취득하게 됩니다.

Q & A 4

"대위변제를 할 수 있는 시기는 언제입니까?"

"대위변제 유형에 따라 시기가 약간씩 다릅니다."

| 풀 이 |

1 경매신청채권의 대위변제

경락자가 경락잔금을 완납하기 전까지 가능합니다. 이해관계 있는 제3자는 채무자의 채무를 대위변제 또는 변제공탁하고 집행정지결정정본을 경매법원에 제출하여야 집행정지의 효력이 발생합니다.

2 선순위 담보물권이나 가압류의 대위변제

경락기일까지 가능합니다. 이해관계 있는 후순위권리자는 대위변제를 한 사실을 원인으로 하여 선순위 저당권등기나 가압류등기의 말소를 신청합니다. 그 후 그 말소된 등기부등본을 경매법원에 제출해야 하므로 실무에서는 대금지급기일에 경락자가 경락잔금을 납부할 때까지 위 절차를 완료하도록 하고 있습니다.

"대위변제에 대해서 경락자는 어떻게 대응해야 합니까?"

"경우에 따라서 다른데, 풀이에서 경우별로 설명하겠습니다."

| 풀 이 |

1 낙찰허가결정 전일 경우

경락자는 후순위권리자가 대위변제를 한 사실을 알게 되면 즉시 '낙찰불허가신청'을 합니다.

2 낙찰허가결정 후부터 낙찰허가결정확정 전일 경우

경락자는 경매물건에 대한 권리의 변동을 이유로 입찰물건명세서 상의 하자를 원인으로 한 즉시항고를 하여 불복신청을 합니다.

3 경락잔금 납부 전일 경우

경락자는 낙찰허가결정에 대한 이의신청이나 취소신청을 할 수 있습니다. 그러나 이 경우에 낙찰허가결정에 대한 이의신청이나 낙찰허가결정의 취소신청에 대한 판단은 법원의 재량사항입니다.

경매에 가장 중요한 핵심 부동산 권리분석

부동산을
찍을 때
유의할 사항

아파트를 찍을 때

Q & A 1

"현명한씨는 아파트를 찍으려고 하는데 아파트를 찍을 때 살펴봐야 할 조건들은 무엇입니까?"

"첫째, 소형아파트는 교통편의를 고려하고, 대형아파트는 교육 및 자연환경을 고려하여야 합니다. 특히 소형 아파트는 지하철, 버스 및 대중교통 이용이 편리해야 합니다."

둘째, 세대수가 많은 단지일수록 생활편의시설이 잘 갖추어져 있으므로, 최소한 500세대 이상 되는 아파트 단지를 선택해야 합니다. 특히 단지 안에 유치원 및 초등학교 등의 교육시설과 병원, 학원 등이 잘 갖춰져 있는지 확인해야 합니다.

셋째, 아파트는 단지배치, 동별, 층, 방향에 따라 차이가 많으므로 조망권 등을 고려해야 합니다. 특히 왕초보가 투자를 할 목적이라면 재건축 가능성을 고려하여 오래된 저층 아파트와 재건축이 진행 중인 아파트를 선택하는 것도 좋은 방법입니다.

넷째, 등기등본에 대지권이 있는지 확인해야 합니다. 등기등본에 '토지등기 별도 있음' 하고 기재되어 있으면 토지에 문제가 있는 경우이므로, 최악의 경우 토지대금을 추가로 부담하게 되므로 관할 구청 및 아파트 주민에게 확인해야 합니다.

다섯째, 아파트 관리비가 연체된 경우에는 그것을 크게 문제 삼을 필요가 없습니다. 체납된 관리비, 수도료, 전기료 등은 낙찰자가 부담하지 않아도 되기 때문입니다.

| 풀 이 |

아파트는 부동산의 대명사가 된 지 오래되었고, 편리한 주거 생활과 뛰어난 환금성으로 인해 부동산 중에서 투자의 1순위로 꼽히고 있습니다. 경매에 있어서도 아파트의 인기는 단연 1위를 차지하고 있습니다. 낙찰률

또한 1차 법원감정가를 넘는 100%를 웃돌고 있습니다. 물론 은행에서도 부동산 중에 가장 선호하는 담보물건으로 돈 빌려주는 데 가장 선호하는 부동산입니다.

단독주택과 다가구주택을 찍을 때

Q & A 1

"단독주택이나 다가구 주택을 경매로 낙찰 받아 수익을 올리고자 하기 위해서 고려해야 할 점은 어떤 것이 있습니까?"

"첫째, 오래된 건물이라도 땅 평수가 많고 차량 출입이 편리한 지역의 주차공간이 있어야 합니다. 특히 미등기 건물이 있는지 확인해야 하며 법정지상권 또는 관습법상 법정지상권상의 문제가 있는지 확인해야 합니다."

둘째, 땅 모양이 부정형이거나, 급경사지에 위치하여 붕괴위험이 도사리고 있는 지역은 피하는 것이 좋습니다. 그러나 마을을 한 눈에 볼 수 있는 조망권이 좋은 언덕 위 주택은 투자할 가치가 높다고 볼 수 있습니다.

셋째, 주변 환경도 빠짐없이 확인해야 하고, 특히 유해시설, 혐오시설은 없는지 확인해야 합니다. 초·중·고등학교 등 교육시설, 문화시설, 복지시설, 대형마트 등 판매시설, 병원 등 의료시설, 체육관 등 운동시설이 잘 갖추어져 있는지 확인해야 합니다.

넷째, 오래된 건물이면 수리비를 감안하고, 장기적으로 건물을 신축할 경우의 인허가 사항의 문제점을 확인해야 합니다. 특히 용적률이 얼마나 되는지 관할구청에 확인해 보고 입찰에 참가해야 합니다.

| 풀 이 |

주택을 경매로 사들이기만 하면 돈을 버는 것은 아닙니다. 건물 리모델링, 즉 구건물 일부만 증축하거나 수리하는 방법, 구건물을 멸실하고 새롭게 신축하는 방법에 따라 수익성이 다르고 , 어떤 경우에는 손해를 보기도 합니다. 그러므로 왕초보는 경매에 뛰어들기 전에 부동사 투자방향을 정한 다음 경매에 참여해야 합니다. 특히 대학가 주변, 지하철 역세권, 사무실 밀집지역의 단독을 낙찰받아 주거용 원룸이나 업무용 사무실로 개축, 증축 등 리모델링 하여 임대사업을 하면 높은 수익을 기대할 수 있으며, 이것은 훌륭한 부동산 재테크 수단이라고 할 수 있습니다.

연립주택과 다세대주택을 찍을 때

Q & A 1

"연립주택이나 다세대주택 경매에 참여하여 돈을 벌려고 할 때 고려할 점은 무엇입니까?"

"첫째, 마을에서 동떨어진 연립주택은 피해야 합니다. 그러나 대학가 주변, 지하철 역세권 지역, 업무용 사무실이 밀집한 지역에 연립주택이나 다세대주택은 적극 검토할 필요가 있습니다. 그런 곳은 임대사업하기에 좋기 때문입니다. 반면 대형 연립주택의 경우에는 주위환경을 고려해야 합니다."

둘째, 연립주택도 아파트같이 오래된 곳은 재건축하기 마련입니다. 따라서 재건축 가능성이 높은 연립주택은 노려볼 만합니다. 그러나 왕초보가 실수요자라면 수리비도 고려해 보아야 합니다.

| 풀 이 |

MB정권이 들어서자 재개발에 대한 기대가 높아지면서 연립주택이나 다세대주택의 인기가 높아지고 있습니다. 그리하여 경매시장에서도 더욱 인기가 높아지고 있는 실정입니다.

재건축이 가능한 곳, 임대주택이 될 만한 곳, 교통이 편리한 지역의 물건은 상한가에 낙찰되고 있습니다. 하지만 연립주택은 지역별로 객관성이 있는 매매시세정보가 없기 때문에 관심을 두고 있는 물건은 반드시 현장방문을 통하여 주변매매시세를 확인하여 수익성을 따져 봐야 합니다.

근린생활시설물을 찍을 때

Q & A 1

"근린생활시설과 같은 건물을 경매로 구입하기 위해서는 어떤 점을 유의해야 합니까?"

"첫째, 아파트단지 또는 주거용 주택단지에서는 사람의 통행이 한 곳으로 몰리는 동네 입구 쪽의 상가를 선택해야 합니다."

둘째, 건물 노후 상태에 따라 시설 개조비도 감안해야 하며, 리모델링을 통한 수익성을 올릴 수 있는 상가를 노리는 것이 유리합니다.

셋째, 유동인구가 많은 역세권 및 버스 정류장 주변의 상가를 선택하되 유동인구의 구매력을 감안해야 합니다.

넷째, 상가 주변지역에 대형할인점이 있어 상권이 침체될 가능성이 있는 곳은 피해야 합니다.

근린생활시설이란 식료품, 잡화, 의류, 완구, 서적, 약국 등 소매점으로 구성된 상가를 말합니다. 이는 소규모로 임대사업하기에 적당하여 부동산 시장에서 각광을 받고 있습니다. 특히 근린주택은 주거공간과 상업 공간(사무실, 상가) 등이 복합적인 형태로 구성되어 있는 부동산으로 근린생활시설과 주택의 중간형 부동산입니다. 예를 들면 4층의 경우 1층은 점포나 상가, 2, 3층은 사무실, 4층은 주거용 주택으로 구성되어 있는 형태의 건물을 말합니다.

경매시장에서는 근린생활시설, 근린주택의 인기가 치솟고 있습니다. 따라서 이런 건물을 낙찰받기 위해서는 법률적으로도 해박한 지식과 함께 치열한 경쟁도 통과해야 합니다.

얼마 전까지만 해도 근린시설은 경매로 구입하기에 가장 안전한 부동산이었으나 최근에 상가건물임대차보호법이 생기면서 주의해야 할 투자대상이 되었습니다. 즉 앞으로는 상가 임차인도 법에서 정한 일정한 요건을 갖추면 임차보증금을 보호해주기 때문입니다. 경매로 이런 건물을 구입

하려는 경우 이들 임차인이 사회적, 경제적 약자인 점을 악용하여 허위로

대항력을 주장하면 낙찰자의 부담이 커질 수밖에 없기 때문입니다.

농지나 임야를
찍을 때

Q & A 1

"농지를 경매로 구입하기 위해서 고려해야 할 사항은 무엇입니까?"

"첫째, 서울에서 1시간 30분 이내에 위치한 곳을 노리는 것이 좋습니다."

둘째, 시골의 전원을 느낄 수 있는 곳을 선택해야 합니다.

셋째, 지대가 높은 곳을 선택해야 합니다.

넷째, 동호인 전원주택을 찾으세요.

다섯째, 읍내에서 가까운 곳에 위치한 지역.

여섯째, 관습법상 법정지상권이나 분묘기지권이 있는지 확인

일곱째, 토지의 용도변경이 가능한지 체크

여덟째, 진입로 즉, 도로가 있는지 확인 요.

그동안 부동산투자자들만 전원주택에 대해서 관심을 보여 왔는데 주5일근무제가 확대되면서 전원주택에 대한 관심은 실수요자로 바뀌면서 그 수요자가 점차로 높아지고 있는 실정입니다. 그러나 전원주택에 대한 투자가 무조건 돈 버는 것은 아닙니다. 따라서 이제는 전원주택은 투자자 입장이 아니라 실수요자 입장에서 접근하는 것이 필요합니다.

한편 농지는 일정 규모 이상으로 농지를 사들이기 위해서는 농지취득자격이 있어야 합니다.

공장을 찍을 때

"공장을 경매로 구입하기 위해서 체크해야 할 사항은 무엇입니까?"

"첫째, 공단이 조성되어 있는 곳을 선택해야 합니다."

둘째, 원제품 구입 및 제품 판매에 따른 도로, 항만, 철도 등을 확인해야 합니다.

셋째, 산업폐기물 등의 오염물질의 매장 여부를 체크해야 합니다.

넷째, 연체된 전기료, 수도요금 등을 확인해야 합니다.

다섯째, 공장 건물 수선비를 계산해야 합니다.

여섯째, 업종 변경에 따른 인·허가 사항을 반드시 확인해야 합니다.

공장이란 물품의 제조, 가공, 수리를 계속적으로 이용하고 있는 건축물을 말합니다.

일반적으로 새로운 공장용지를 구입하여 공장을 만들고 가동하기 위해서는 많은 시간과 절차가 필요합니다. 그뿐만 아니라 시, 도나 군으로부터 인허가를 받기 위해서는 많은 제한과 어려움이 따르고 있습니다. 그러나 기존의 공장을 경매로 사들이면 특별한 어려움 없이 공장을 손쉽게 가동시킬 수 있습니다. 특히 공장을 경매로 사들일 경우 신축에 따르는 비용절감과 함께 민원 인·허가를 얻기 위한 시간 절약 등의 많은 이익이 있으며, 다른 경매부동산 경매보다 낙찰률이 낮아 수익률이 좋다는 점이 공장 경매의 장점이라고 할 수 있습니다.

반드시
알아야 하는
임대차보호법

임대차보호법의 기초

"임대차 보호법이란 무엇입니까?"

"주택임차인에 대한 피해를 줄여서 임차인을 보호해주자는
취지로 만든 법입니다."

| 풀 이 |

주택임대차보호법은 주택소유자에 대해 상대적으로 약자인 지위에 있

는 주택임차인을 보호하기 위해서 1981년 3월 5일에 제정된 법률입니다.

p.210에서

"대항요건을 갖춘 임차인의 대항력이란 무엇을 말합니까?"

"선순위저당권이 없는 임차주택에 주택임차인이 입주하고 주민등록 전입신고를 마치면 그 다음날로부터 주택이 다른 사람에게 양도되거나 경매에 넘어가더라도 새로운 집주인에게 임차권을 주장할 수 있는 권리를 말합니다."

| 풀 이 |

주택임대차보호법에 의하면 선순위 저당권 등이 없는 임차주택에 주택임차인이 입주하고 주민등록 전입신고, 즉 대항요건을 마치면 그 다음날부터 임차주택이 다른 사람에게 양도되거나 경매되더라도 새로운 집주인에게 임차권을 주장하여 임대기간이 끝날 때까지 거주할 수 있고, 또 임차기간이 만료되더라도 임대보증금 전액을 보장받을 수 있고, 반환될 때까지 집을 비워주지 않아도 되는 권리를 말한다.

▌ 무상으로 임대해 주었을 경우

명석한씨는 102㎡(31평형) 빌라가 감정가 1억5천만 원에 나왔는데, 집주인이 농협으로부터 7천만 원을 갚지 못하여 농협에서 경매에 넘긴 물건을 경매로 사고 싶은데, 그 집에는 집주인의 사촌이 9천만원에 임대를 살고 있었다. 명석한씨는 사촌에게 9천만 원씩이나 하는 거액으로 임차를 주었다는 것이 의심이 되어서 농협에 가서 알아보니 대출을 받기 위해 무상임차확인서를 받은 사실이 드러났다. 그리하여 그는 전세금을 갚을 의무가 없음을 알고 다른 사람보다 2천만 원이 높은 가격으로 입찰을 받았다.

반드시 알아야 하는 임대차보호법

임대차보호법의 중요성

Q & A 1

"임차인이 아니고 경매에 참여하려는 사람이 임대차보호법
을 상세히 알아야 하는 이유는 무엇입니까?"

"경우에 따라서는 입찰보증금을 포기하는 사태까지 발생할
수 있기 때문입니다."

| 풀 이 |

주택임대차보호법을 정확히 모르는 상태로 경매로 부동산을 구입했다
가는 낙찰받은 임차인의 전세금까지 모두 부담하는 일이 종종 발생하기
때문입니다. 이는 결국 부동산을 비싸게 산 결과가 되고 맙니다. 경우에
따라서는 입찰보증금을 포기하고 경매에 손을 드는 수도 있을 수 있기 때
문입니다.

최악의 경기에 성공하기 위한 **특별한 비결**

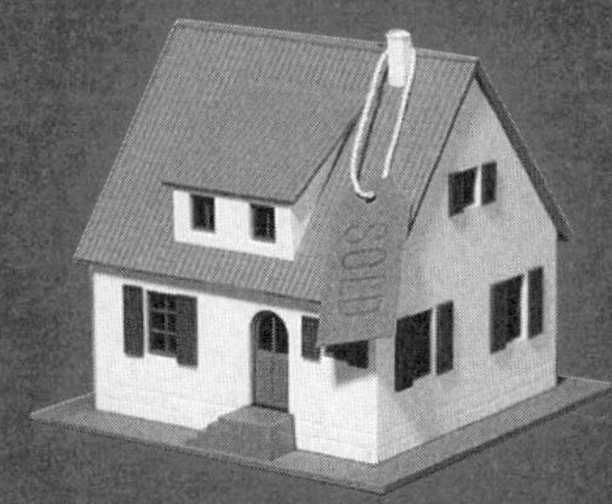

"오늘날 부동산은 말할 것도 없고, 실물경제가 IMF때보다 더욱 심각하다고 합니다. 이런 때에 경매로 돈 벌기 위해서 반드시 필요한 조건은 무엇입니까?"

"첫째, 물건을 잘 찍어야 합니다."

| 풀 이 |

불경기로 경매에 물건들이 마구 쏟아져 나오고 있습니다. 이런 때에 성공적인 경매를 하기 위해서는 무엇보다도 좋은 물건을 고를 줄 알아야 합니다.

아파트, 단독주택, 연립주택, 상가, 임야 등 각각 물건마다 색깔이 다르지만, 돈이 되는 물건이 따로 있습니다.

아파트는 500세대 이상 되는 단지를 고르는 것이 좋으며, 85㎡ 이하이면 교통이 편리한 곳, 85㎡ 이상이면 중·고등학교 등 학군과 환경이 좋은 곳을 선택해야 합니다.

물론 일부 아파트는 법원 감정가보다 높게 낙찰되기도 하지만, 이런 물건들은 복잡한 법률문제, 임차인과의 문제가 비교적 적어 왕초보도 무난하게 낙찰받을 수 있는 물건인 경우가 많습니다.

단독주택은 차량출입이 편리하고, 타인 소유 미등기 건물이 없으며, 리모델링을 통해 수익을 올릴 수 있는 물건을 선택하는 것이 좋습니다.

연립주택은 땅 평수가 많은 것, 재건축 가능성이 높은 15년 이상 된 물건을 잡는 것이 유리합니다.

특히 상가인 경우에는 유동인구가 많은 역세권 지역, 통행이 한 곳으로 몰리는 동네 입구에 위치한 곳, 도로 앞쪽에 위치한 상가를 선택해야 하지만 뒤에 대형마트가 있는 곳은 피해야 합니다.

"둘째는 철저한 권리분석입니다."

｜풀이｜

물건을 찍었으면 다음은 권리분석에 들어가야 합니다.

경매물건의 특징은 법률관계가 복잡하고 어려운 것일수록 유찰 횟수가 많고, 가격은 아주 싼 편입니다. 이런 물건을 경매시장에서는 '기피물건'이라고 부르는데, 불경기에 이런 기피물건이 많이 쏟아져 나옵니다. 철저한 권리분석을 통해 문제가 해결될 물건을 낙찰받으면 의외로 수익을 올릴 수 있습니다.

권리분석은 경매로 소멸되는 권리와 소멸되지 않는 권리를 구분하고,

등기부에 나타나지 않은 권리를 찾아내어서 위험을 없애는 데에 필요합니다. 예를 들어 근저당권, 가압류(전 소유자의 가압류는 소멸되지 않음) 등은 경매로 무조건 소멸되는 권리이므로 낙찰자가 신경을 쓰지 않아도 되지만, 선순위 지상권이나 지역권, 전세권과 환매등기, 예고등기 등은 경매로 소멸되지 않기 때문에 주의하여야 한다. 특히 유치권, 법정지상권, 관습법상법정지상권, 대항력 있는 임차인, 분묘지기지권 등은 등기부에 나타나지 않은 권리이므로 결국 낙찰자가 인수해야 되는 권리로 매우 조심해야 합니다.

또한 법률상 문제가 있는 기피물건은 시간에 쫓겨 권리분석을 소홀하게 보면 실수하게 되므로 충분한 시간적인 여유를 갖고 검토해야 하고, 가능하다면 전문가와 상담한 다음 경매에 참여해야 손해를 방지할 수가 있습니다.

"셋째, 현장을 반드시 방문해야 합니다."

| 풀 이 |

경매에 참여하는 사람이 반드시 해야 할 다음 단계로는 경매물건의 현장을 방문해 서류와 부동산 실물이 일치한지 반드시 확인해야 합니다.

서류상 완벽한 권리분석을 통해 낙찰을 받았지만, 현장 방문을 하지 않아 손해를 보는 경우가 종종 발생하기 때문입니다.

서류상에는 나타나지 않았지만 현장 방문을 해 보면 타인 소유의 미등기 건물이 추기되어 있는 경우가 있으므로 반드시 사전에 현장 방문을 통해 물건을 꼼꼼히 확인한 다음 경매에 참가해야 합니다.

"넷째, 자금계획을 세워야 합니다."

| 풀 이 |

경매 참가 전에는 물건의 예상 입찰 가격을 정하고, 여기에 맞춰 부족한 돈이 있으면 자금계획을 미리 세워야 합니다. 물론 입찰 보증금 10~20%만 있어도 쉽게 경매에 참가하여 낙찰받을 수 있지만, 나머지 돈을 구하지 못해 대금 납부를 하지 못하면 입찰보증금만 날려 버리게 되기 때문입니다.

특히 대출을 받아서 경매에 입찰할 경우 경매 대출은 제2금융권뿐만 아니라 은행에서도 쉽게 빌릴 수 있지만, 같은 부동산을 담보로 제공하고서도 담보비율 적용기준이 다르고 또한 담보로 받아주지 않는 곳도 있습니다. 따라서 사전에 경매대출 한도 금액과 적용 금리 등을 확인하고 자금계

부동산 경매

획을 제대로 수립해야 합니다.

| 풀 이 |

경매로 구입한 집은 대금을 납부하면 낙찰자가 소유권을 갖게 되고, 부동산에 대한 권리를 행사할 수 있습니다. 그러나 소유자나 임차인이 집을 비워주지 않는다면, 처분이나 사용, 수익에 제약을 받기 때문에 낙찰 받은 다음에는 즉시 명도계획을 세워야 합니다.

명도 방법은 소유자, 채무자, 임차인 등 인도명령 대상자인 경우에는 적절한 협상을 통해 집을 돌려받는 것이 제일 좋은 방법이지만, 협상에 응하지 않을 때에는 대금을 납부한 일로부터 6개월 이내에 인도명령을 신청해, 법원의 힘을 빌려 집을 돌려받아야 합니다.

그러니 인도명령을 신청하지 못한 경우나, 점유자가 낙찰자에 대항할 수 있는 경우에는 명도소송에 의해 집을 돌려받아야 합니다. 특히 명도소송은 신속하게 진행해야 하고 소송비용과 6개월 정도의 소요시간이 걸린다는 것을 감안해야 합니다.

"경쟁률이 높아져 낙찰률이 치솟을 때에는 법원감정가와 매매시장에서 따른 평가차익을 노리는 쪽으로 경매전략을 다시 짜야 하는데, 그 때 취할 수 있는 전략은 무엇입니까?"

"첫째, 경매진행기간이 오래 걸리는 물건을 노려야 합니다."

| 풀 이 |

경매물건에 소유자, 채권자, 임차인 등 이해관계인이 많을수록 경매기간이 오래 걸립니다. 이해관계인의 각자 이해관계에 따라 항고를 하거나 경매개시결정에 대한 이의 등을 하게 되면 경매기간의 연기, 변경 등으로 경매기간이 길어지게 됩니다.

일반적으로 경매의 연기는 채권자의 요청이 있을 때 2회까지만 허용되고 있으며, 이런 경매물건은 법률적인 권리 분석의 어려움이 별로 없기 때문에 왕초보가 평가 차익을 노리기에 아주 좋은 물건입니다.

"둘째, 유찰이 많은 물건을 노려볼 만합니다."

| 풀 이 |

이런 물건은 경매기간이 길어질 뿐만 아니라 기피물건으로 분류되어 일반인들의 눈에서 멀어져 있고, 일반적으로 법원감정가와 매매시세의 가격차이가 많이 나기 때문에 평가이익을 손쉽게 챙길 수 있는 물건이라고 할 수 있습니다.

유찰원인을 살펴보면 권리분석을 하기가 어렵고, 임차인 명도문제가 많아서 대부분 입찰을 피하고 있는 실정입니다. 특히 유치권, 법정지상권, 관습법상 법정지상권 등 등기부에 나타나지 않은 권리가 존재하게 되면 결국 낙찰자가 떠안아야 합니다. 이들은 위험한 권리로 조심해야 합니다. 그러나 최저 입찰가격과 매매시세를 비교해 보고 이러한 권리를 떠안아도 수익을 얻을 수 있는 물건이라면 잡아도 좋을 것입니다.

한편 법률적으로 문제가 있는 물건은 충분한 시간을 갖고 검토해야 합니다. 좋은 부동산을 싼 가격에 낙찰 받으면 평가차익과 경매차익을 동시에 챙길 수 있습니다. 그러나 경매가 무조건 돈 버는 수단이라고 생각해서는 안 됩니다.

경매에 일반인들의 참여가 늘어나면서 최근에는 1차 감정가를 넘어 낙찰된 물건들이 속출하고 있습니다.

특히 아파트, 근린주택, 상가, 대지 등 부동산의 종류와 상관없이 물건부족 현상이 나타나면서 경매시장은 열기를 더해가고 있습니다. 이처럼 부동산 시장에서 경매가 재테크 수단으로는 물론 수익을 올리는 데 최고의 방법으로 떠오르는 것은 경매를 통해서 물건을 구입하는 것이 시장가격보다 10~20% 정도 싸게 살 수 있다는 점 때문입니다.

그러나 부동산 시장이 활성화되어 부동산 가격의 급격한 상승과 낙찰률이 높을 때에는 상대적으로 경매로 올릴 수 있는 수익이 줄어들게 됩니다.

Q & A 3

| 풀 이 |

지금까지 아파트와 빌라는 실수요로, 토지나 상가 건물 등은 투자 목적으로 매입한다는 상식을 깨는 이른 바 역발상으로 투자하는 것입니다. 즉 아파트와 빌라는 환금성이 좋으므로 단기차익을 노리는 상품으로 적합하기 때문입니다. 대신 돈이 묶이기 쉬운 토지나 상가 건물 등은 추후 상속 증여용이나 노후를 대비한 장기 수익상품으로 봐서 실수요 목적으로

접근하는 것입니다.

"그 외의 방법은 없습니까?"

"피하는 것도 하나의 방법입니다."

| 풀 이 |

경매로 돈을 벌기 위해서는 가격이 오를 때 사서 평가이익을 남겨야 하므로 부동산 가격이 떨어질 때에는 경매 시장에 가지 않는 것이 좋습니다.

경매를 진행하기 위해서는 물건에 대한 감정을 해야 하는 등의 여러 가지 법률적 절차를 걸쳐야 하기 때문에 평균적으로 경매로 부동산이 처분되는 기간은 빨라야 6개월에서 1년 정도가 걸립니다. 이런 경매절차이 특성을 감안하면 부동산시장의 침체기간에는 경매를 피하는 것이 유리합니다.

예를 들면 가격이 형성된 시점에 법원감정 가격이 매겨지고 난 뒤 부동산 가격이 떨어진다면 아무리 시가의 70~80%의 수준에서 법원 감정이

이루어진다고 해도 비싸게 살 수밖에 없는 것입니다. 따라서 부동산 경매

는 무조건 싸게 살 수 있는 것만은 아닙니다.

"우리나라에 민간 경매업체가 있습니까? 있다면 이용 방법
에 대해서 설명해주세요."

"있습니다. 민간 경매방식은 다음과 같습니다."

| 풀 이 |

매도자가 인터넷이나 전화로 물건을 접수하면 분쟁 소지가 있는지를 가

린 뒤 중개계약 예납금(공부발급 등에 드는 비용)을 낸다. 5억 미만인 물

건은 30만원, 이상은 50만원, 매각되지 않으면 100% 환불해준다.

이후 감정평가자들이 감정평가를 한 후 지지옥션 홈페이지 등에 매물을

공고한다. 이때 매도자가 감정가보다 높은 가격을 원하고 매수자가 나오

면 수의 계약한다. 나머지는 경매에 붙인다.

1차경매가는 감정가와 같지만 낮게 내놓는 경우도 있다. 물건 접수 →

심사 → 중개계약 → 예납금납부 → 감정평가 → 매물공고, 검색 → 희망

가 수의계약 → 공개입찰 순이다.

경매진행은 미술품 경매처럼 경매사의 호가에 번호판을 들어 응찰의사를 표시하면 된다.

1차유찰시 5%를 낮춰 2차 경매를 시작한다. 2차유찰시에는 가격을 조정한 후 다음 경매에 나온다. 번호판을 들려면 입찰보증금 100만원을 내야 하는데 낙찰을 받지 못하면 현장에서 보증금을 되돌려 받는다.

자주 사용하는
경매용어
해설

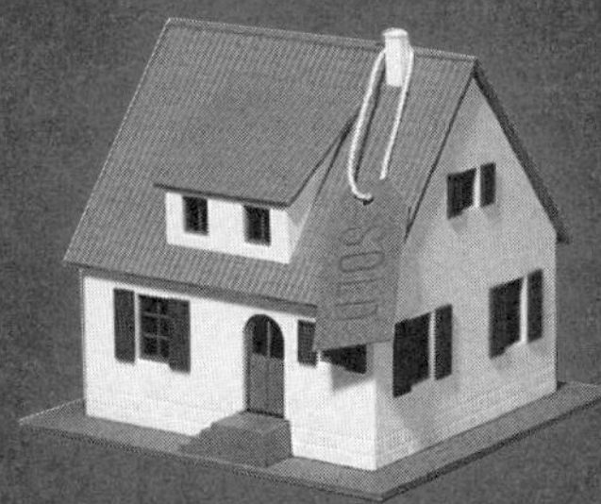

가 압 류

금전 채권이나 금전으로 환산할 수 있는 채권에 대하여 장래에 실시할 강제 집행이 불능이 되거나 현저히 곤란할 염려가 있는 경우에 미리 채무자의 현재의 재산을 압류하여 확보함으로써 강제집행을 보전함을 목적으로 하는 명령 또는 그 집행으로써 하는 처분.

가 등 기

본 등기를 할 수 있을 만한 실체법적 또는 절차법적 요건을 완비하지 못한 경우에 장래 그 요건이 완비된 때에 행하여질 본등기를 위하여 미리 그 순위를 보전해두는 효력을 가지는 등기.

가 처 분

금전채권 이외의 특정물의 급여, 인도, 기타의 특정의 급여를 목적으로 하는 청구권의 집행, 보전을 목적으로 하고 혹은 쟁의 있는 권리 관계에 관하여 임시의 지위를 정함을 목적으로 하는 재판 혹은 그 집행으로서 행하는 처분.

감 정 평 가

감정평가기관이 집행법원의 평가명령에 따라 부동산의 가치를 금액으로 환산하는 것.

강 제 경 매

부동산 및 선박에 대한 강제 집행의 한 방법으로 채무자의 부동산 또는 선박을 압류 후 환가하여 그 매각대금에서 압류 채권자나 배당요구 채권자의 채권의 만족을 얻을 목적으로 하는 강제집행절차.

공동입찰

2인 이상이 출자하여 입찰하는 것.

공시송달

당사자의 주소, 거소 그 밖의 송달장소를 알 수 없는 경우나 외국으로 촉탁 송달을 할 수 없거나, 촉탁을 하여 보아도 목적을 달할 수 없는 것이 예측되는 경우 송달할 서류를 어느 때나 교부할 뜻을 법원의 게시공고란에 게시하여 송달하는 방법.

공유자우선매수권

공동소유로 인해서 지분이 나누어진 부동산의 일부가 경매신청이 되었을 때 소유권 분쟁을 방지하기 위해서 공유자는 집행관이 매각 기일을 종결시키기 전까지 매수 청구를 할 수 있는 권리.

공유

여러 명이 같은 부동산의 소유권을 분량적으로 분할하여 소유하는 공동소유의 형태.

구분소유권

1 동의 건물 중 구조상 구분된 수개의 부분이 독립한 건물로서 사용될 수 있을 때 그 각 부분의 소유권.

개별매각

대지 한 필지, 건물 한 동 등 개별적인 부동산에 대해 감정한 후 개개의 물건에 대해 최저매각가격을 정하여 하는 매각 방법.

경 매 취 하

채무자가 경매신청자의 채권을 변제하는 등의 사유가 있을 때 경매 신청자가 법원
에 대해 경매절차의 취소를 구하는 의사표시.

매 각 불 허 가 결 정

부동산 경매절차에 있어서 매각기일로부터 7일 이내에 법원이 경매절차에 결격사
유가 있을 때 최고가 매수신고인에 대하여 경매 부동산의 소유권 취득의 허가를 하
지 않는 법원의 집행처분.

매 각 허 가 결 정

부동산 경매 절차에 있어서 매각기일로부터 7일 이내에 법원이 최고가 매수 신고인
에 대하여 경매부동산의 소유권을 취득시키는 집행처분.

매 각 허 가 확 정

매각허가결정일로부터 7일 이내에 이해관계인의 이의 신청이 없을 때 법원에서 확
정을 하며 잔금납부의 기점이 됨.

농 지 취 득 자 격 증 명

전 · 답 · 과수원 용지 등의 농지를 경매로 취득할 경우, 최고가매수신고인이나 차순
위 매수신고인이 목적물 소재지 시 · 군 · 구로부터 발급 받아 법원에 제출해야 하는
농지법 제8조 제4항에 의한 소유권이전등기에 필요한 증명서.

대 항 력

이미 성립한 권리 관계를 타인에 대하여 주장할 수 있는 권리로서, 주택 임차인의 경우 인도와 주민등록을, 상가건물임차인 경우 인도와 사업자등록신청을 하면 그 다음날에 대항력이 인정된다.

명 도 소 송

건물 소유자가 불법 점유자를 상대로 건물을 명도해달라고 하는 소송.

배 당

매각 대금 납부 후 2-3주 내에 관련 이해관계인에게 매각 대금에서 법적 규정에 따라 분배한 것.

변 경

경매진행절차에 있어서 변경사항이 발생할 때 법원의 직권으로 매각기일을 바꾸는 것.

새 매 각

매각을 실시하였으나 매수인이 결정되지 않았기 때문에 다시 기일을 지정하여 실시하는 경매.

소 제 주 의

경매부동산에 있는 권리 및 임대차관계가 경매로 매각되었을 때 소멸, 말소되는 것.

소 액 보 증 금

주택임대차보호법 제8조, 상가건물 임대차보호법 제14조에 따라 매각 대금에서 최
우선으로 보호받을 수 있는 임차보증금.

압 류

금전채권에 관한 강제집행의 착수로서, 집행기관이 우선하여 채무자 재산의 사실상
또는 법률상의 처분을 금지하기 위해 행하는 강제행위.

연 기

채무자, 소유자 또는 이해관계인의 신청과 동의 아래 지정된 매각 기일을 다음 기
일로 미루는 것.

인 수 주 의

경매 부동산에 있는 권리 및 임대차 관계가 경매로 매각이 되어도 소멸되지 않고
매수인이 인수해야 되는 것.

인 도 명 령

소유자, 채무자, 점유자 등을 대상으로 부동산 점유권을 인도받기 위해 경매법원의
명령에 따라 매수한 부동산을 인도받을 수 있도록 강제집행할 수 있는 명령.

임 의 경 매

채권자가 저당권, 전세권, 가등기권 등에 의한 담보물건을 금전으로 환가받기 위해
부동산 소재지의 관할법원에 매각을 의뢰하는 것.

일 괄 매 각

여러 개의 부동산의 위치, 형태, 이용관계 등을 고려할 때 같은 사람에게 매수하게 하는 것이 상당하다고 인정될 때 여러 개의 부동산을 하나의 경매 절차에서 매각하도록 진행하는 것.

유 찰

매각기일에 매수신고인이 없는 경우.

저 당 권

채무자가 채무의 담보로 제공한 부동산을 채권자가 관념적으로 지배하여 채무자가 변제를 하지 않는 때에는 그 물건에서 우선적으로 변제를 받을 수 있는 권리.

부동산 경매

재 매 각

매각허가 결정이 확정되어 매수인이 결정되었음에도 불구하고 그가 대금을 지급하지 아니하였기 때문에 실시되는 경매.

재 항 고

항고가 기각 또는 각하되었을 때 상급법원에 불복을 제기하는 것.

재 개 발

도시재개발지역으로 지정된 구역 내의 토지의 합리적이고 효율적인 고도 이용과 도시기능을 회복하기 위하여 도시주거환경정비법이 정하는 바에 따라 시행하는 건축물 및 그 부지의 정비에 관한 사업.

재건축

집합건물에 있어서 건물건축 후 상당한 기간이 경과되어 건물이 훼손 또는 일부 멸실된 경우 그 건물을 철거하고 그 대지 위에 신 건물을 건축하는 것.

제시 외 물건

감정평가서에 조사된 부동산 내역에서 미등기상태의 증ㆍ개축된 부분이 있는데 이러한 부분을 경매실무용어로 제시 외 물건이라 표시한다.

지상권

공작물이나 수목을 소유하기 위하여 타인의 토지를 사용할 수 있는 권리.

차순위 매수신고인

최고가 매수신고인 이외의 입찰자 중에서 그 신고액이 최고가 매수신고액에서 그 보증을 뺀 금액을 넘는 가격으로 입찰에 응한 후 법원에 이를 신고한 사람.

최고가 매수신고인

입찰자 중에서 최저매각가격 이상의 가격들 중 가장 높은 입찰액을 적어 신고한 사람.

최저 매각가격

매각당일에 경매부동산을 그 가격보다 저가로 입찰할 수 없고 그 가격 또는, 그 이상으로 입찰함을 요하는 기준 입찰 가격으로 이 금액 미만으로 입찰 액수를 적으면 무효처리가 된다.

특 별 매 각 조 건

경매절차에 있어서 매각조건을 집행법원이 직권으로 특별히 정하는 것으로 재매각 시 20%의 입찰보증금을 보관시키는 것, 매수인의 대금납부 지연시 연 20%의 지연 이자율을 적용하는 것 등이 있다.

특 별 송 달

평일 근무시간 중에는 송달이 안 될 때 야간 또는 휴일에 하는 송달 방법.

항 고

매각허가 또는 불허가 결정일 이후 7일 내에 이해관계인 등이 그 결정에 대해서 불복이 있는 경우에 법원에 제기하는 것.

확 정 일 자

증서에 대하여 그 작성한 일자에 관한 안전한 증거가 될 수 있는 것으로 법률상 인정되는 일자.

현 황 조 사

경매 개시 이후 법원의 명령으로 집행관이 부동산의 현상. 점유관계, 차임 또는 보증금의 수액 기타 현황에 관하여 조사하는 것.